Renate Zimmer
Alles über den Bewegungskindergarten

W0014700

Profile für Kitas und Kindergärten

Renate Zimmer

Alles über den Bewegungskindergarten

FREIBURG · BASEL · WIEN

Alle Rechte vorbehalten – Printed in Germany
© Verlag Herder Freiburg im Breisgau 2001
www.herder.de
Umschlaggestaltung: Dietmar Prill, Freiburg
Titelbild: Renate Zimmer; Fotos im Innenteil: Renate Zimmer
Satz: Barbara Herrmann, Freiburg
Druck und Bindung: J.P. Himmer, Augsburg
ISBN 3-451-27638-0

Inhalt

**Vom Sitzkindergarten zum Bewegungskindergarten –
Eine Einstimmung** 7

**Wie alles anfing. Kleine Geschichte des
Bewegungskindergartens** 9

1.1 Der Osnabrücker Spiel- und Sportkindergarten 9
1.2 Die Weiterentwicklung der pädagogischen Leitidee 14
1.3 Empirische Begleituntersuchungen –
     Die Bedeutung für die Entwicklung der Kinder 18
1.4 Die Bausteine eines Bewegungskindergartens 20

Grundannahmen und pädagogisches Konzept 23

2.1 Anthropologische Grundannahmen – Das Bild vom Kind 23
2.2 Entwicklungspsychologische Voraussetzungen –
     Lernen durch Wahrnehmen und Bewegen 27
2.3 Bewegung als Voraussetzung für Gesundheit und
     Wohlbefinden 33
2.4 Bewegung zur Förderung sozialen Lernens 35
2.5 Das Selbstbewusstsein stärken – Grundlagen der
     Psychomotorik 36
2.6 Aufbau eines positiven Selbstkonzeptes 38
2.7 Didaktische Prinzipien der Bewegungserziehung 41
2.8 Qualitätskriterien – Was zeichnet einen guten
     Bewegungskindergarten aus? 44

Was zu einem Bewegungskindergarten gehört 46

3.1 Die Qualifikation der Erzieherinnen und der
    pädagogischen Fachkräfte 46
3.2 Räumliche Voraussetzungen 47
3.3 Geräte- und Materialausstattung 49
3.4 Situative Bewegungsgelegenheiten 50
3.5 Geplante Bewegungsangebote 56
3.6 Feste feiern mit Bewegung 60
3.7 Psychomotorische Förderangebote 63
3.8 Mitwirkung der Eltern 64
3.9 Die Öffentlichkeitsarbeit 65
3.10 Die Trägerschaft des Kindergartens 66

Der Tag in einem Bewegungskindergarten

69

4.1 Bewegungs(t)räume im „Pinguinland" 69
4.2 Individuelle Bedürfnisse und freies Spielen bestimmen
    den Tagesbeginn 71
4.3 Morgenrunde – Gesprächskreis 72
4.4 Angebote – Vom Kletternetz bis zum Holzschiffbau 72
4.5 Das Außengelände ist immer zugänglich 73
4.6 Mittagsrunde – Gemeinsames Spielen 74
4.7 Spezifische Angebote am Nachmittag 74
4.8 Projekte und besondere Anlässe 75

Eine Schlussbemerkung 76

Literatur, Medien, Kontakte 77

Vom Sitzkindergarten zum Bewegungskindergarten – Eine Einstimmung

Noch nie hatten Kinder so viele Sachen zum Spielen, noch nie gab es so viele Einrichtungen, die sich um ihre Freizeit, ihre musischen und sportlichen Aktivitäten kümmern, wie heute. Auf der anderen Seite waren Kinder allerdings noch nie so arm an Möglichkeiten, sich ihre Umwelt mit allen Sinnen und ihrem Körper zu erschließen.

Frei verfügbare Spiel- und Bewegungsräume sind kaum mehr vorzufinden, dagegen wächst der Einfluss der Medien. Technisierung und Motorisierung nehmen zu; bereits Kleinkinder verbringen den Tag vorwiegend im Sitzen. Die Folgen sind unverkennbar: Immer häufiger leiden Kinder schon vor dem Eintritt in die Schule an Wahrnehmungsstörungen, Konzentrationsschwierigkeiten, Bewegungsauffälligkeiten und Übergewicht.

Der Kindergarten als erste öffentliche Erziehungsinstitution außerhalb der Familie trägt in diesem Zusammenhang eine besondere Verantwortung. Hier ist es am ehesten möglich, zivilisationsbedingten Bewegungsmangel auszugleichen und Kindern Raum und Gelegenheit für eine ganzheitliche Entwicklung zu geben, die auch Erfahrungen mit dem Körper und mit allen Sinnen umfasst.

Diese Sichtweise existiert allerdings noch nicht sehr lange. Obwohl auch schon vor zwanzig Jahren quicklebendige Kinder mit hohen Bewegungsbedürfnissen den Kindergarten besuchten, war der Alltag vor allem durch sitzende Tätigkeiten bestimmt. Dazu kam die räumliche Enge: Die Gruppenräume waren vollgestellt mit Tischen und Stühlen, für jedes Kind musste ein Sitzplatz an einem Tisch vorhanden sein.

Fortschrittliche Pädagoginnen[1] forderten damals als Mindeststandard sogenannte „Bewegungsecken" im Gruppenraum, die für Bewegungsspiele genutzt werden konnten (Marona 1997, 133 f.). Die Sportorganisationen appellierten an die Träger von Kindergärten, mehr Möglichkeiten

---

[1] Auch wenn der Einfachheit halber im weiteren Text die weibliche Sprachform „Erzieherin"/„Pädagogin" verwendet wird, sind natürlich auch alle männlichen Erzieher und Pädagogen angesprochen.

Vom Sitzkindergarten zum Bewegungskindergarten

für Bewegung im Kindergarten zu schaffen, die Fachschulen für Sozialpädagogik forderten sie auf, die bewegungspädagogische Ausbildung zukünftiger Erzieherinnen zu verbessern (Deutsche Sportjugend 1975). In diese Zeit fällt die Gründung der ersten „Sportkindergärten", die sich im Laufe der Jahre in unterschiedliche Modelle und Konzepte ausdifferenzierten und schließlich den Bewegungskindergarten hervorbrachten.

Im Konzept Bewegungskindergarten werden Wahrnehmung und Bewegung als elementare Erkenntnis- und Ausdrucksmöglichkeiten des Kindes betrachtet und in den Mittelpunkt der pädagogischen Arbeit gestellt. Ziel ist es, Kindern mehr Raum für Bewegung und für Sinneserfahrungen zu verschaffen, ihre elementaren Bedürfnisse stärker als bisher zu berücksichtigen und ihnen so weit als möglich eine ganzheitliche Entwicklung zu gewährleisten.

Die meisten Erzieherinnen sind sich heute der Bedeutung von Bewegung für die gesunde Entwicklung eines Kindes bewusst. Der „Sitzkindergarten" gehört in der Regel der Vergangenheit an. Die Bewegungsbedürfnisse der Kinder werden sowohl bei der Raumgestaltung als auch bei den täglichen Angeboten mehr als früher berücksichtigt. Dennoch stellt sich die Frage, ob die Angebote eines normalen Kindergartens ausreichen, um die Bewegungsarmut unserer alltäglichen Lebenswelt auszugleichen und um den vielfältigen Möglichkeiten einer Entwicklungsförderung durch Wahrnehmung und Bewegung gerecht zu werden. Bewegungskindergärten finden sich immer noch vergleichsweise selten, auch wenn das Interesse der pädagogischen Fachwelt weiter wächst und viele Erzieherinnen den Wunsch haben, ihre Einrichtung zu verändern.

Dieses Buch ist als Leitfaden und Unterstützung für Erzieherinnen gedacht, die sich neu in Richtung Bewegungskindergarten orientieren möchten. Nach einem Überblick über die Entstehungsgeschichte des Bewegungskindergartens wird das pädagogische Konzept vorgestellt. Im zweiten Teil geht es um die Praxis: Die „Bausteine" eines Bewegungskindergartens werden erläutert und es wird exemplarisch ein Tagesablauf geschildert.

Vor allem aber möchte das Buch Erzieherinnen Mut machen, mehr Bewegung in den Kindergarten zu bringen und den Schritt zum „bewegten Kindergarten" zu wagen.

1 Wie alles anfing. Kleine Geschichte des Bewegungskindergartens

Der erste Sportkindergarten entstand 1972 in Freiburg. Träger war die „Freiburger Turnerschaft", ein Verein für Turnen, Spiel und Sport. Anliegen der Verantwortlichen des Vereins war es, die Bewegungsentwicklung des Kindes in der vorschulischen Erziehung stärker zu fördern und durch vielfältige Sportangebote zu stützen (vgl. Kern 1994). Dabei sollten die räumlichen und personellen Ressourcen eines größeren Sportvereins für die Verbesserung der Bewegungsangebote im Kindergarten genutzt werden.

Der Sportkindergarten der Freiburger Turnerschaft zog große Aufmerksamkeit auf sich und lockte viele Besucher an – insbesondere Erzieherinnen, die ein ähnliches Vorhaben planten.

Zu den ersten Kindergärten in der Trägerschaft eines Sportvereins gehört auch der Osnabrücker Spiel- und Sportkindergarten. Seine Geschichte soll als Beispiel für den Aufbau und die Entwicklung dienen, aber auch mögliche Probleme aufzeigen, die sich im Laufe der Zeit aus einer solchen Trägerschaft ergeben können.

1.1 Der Osnabrücker Spiel- und Sportkindergarten

1974 wurde in Osnabrück der „Spiel- und Sportkindergarten des Osnabrücker Turnerbundes" gegründet. Der Verein hatte den Schwerpunkt seiner Angebote auf die Betreuung und Förderung von Kindern im vorschulischen Alter gelegt: Schwangerschaftsschwimmkurse, Babyschwimmen, Mutter-Kind-Turnen, Rollschuhlaufen und Tanzen für Kinder, Psychomotorikgruppen – nur selten gab es zu dieser Zeit Vereine, die so eindeutig Kinder und junge Eltern als Zielgruppe hatten. Da lag es nahe, dass einige engagierte Vereinsmitglieder zusammen mit dem Vorstand auf die Idee kamen, noch etwas mehr für die Entwicklungsförderung von Kindern zu tun. Häufig war doch gerade von den Sportorganisatio-

Kleine Geschichte des Bewegungskindergartens

nen bemängelt worden, dass das Bewegungsangebot in den Kindergärten nicht ausreichend sei. Ungenügende Ausbildung der Erzieherinnen, mangelhafte räumliche Voraussetzungen, zu wenig Geräte – das wurde als Begründung für die wenig zufrieden stellende Situation der Bewegungserziehung in den Kindergärten angeführt (Deutsche Sportjugend 1975). An diesem Punkt wollten die Verantwortlichen des Vereins Abhilfe schaffen, war doch alles, was Kinder für Bewegung brauchten, bereits vorhanden. Sollte man die idealen Voraussetzungen – Turnhallen, ein Schwimmbad, ein Tanzraum, eine Rollschuhhalle, eine Vielzahl an Sport- und Bewegungsgeräten – nicht nutzen, um Kindern einen bewegteren Kindergartenalltag zu bieten?

Sogar eine Kindergartenleiterin war im Vereinsvorstand vertreten und so wurde bald der Entschluss gefasst: In unmittelbarer Nachbarschaft der Gebäude des Sportvereins sollte ein Spiel- und Sportkindergarten gebaut werden. Das Interesse der Öffentlichkeit an dem neu errichteten Kindergarten war groß, ebenso die Nachfrage nach Kindergartenplätzen. Das Konzept des Kindergartens wurde bei der Gründung folgendermaßen beschrieben:

> *Spielkindergarten bedeutet, dass die Kinder wie in jedem anderen Kindergarten spielen und beschäftigt werden. Sie werden über das Freispiel hinweg zu musischen und manuellen Tätigkeit angeregt und pädagogisch gefördert. Neben aller Freiheit lernen sie eine gewisse Ordnung und das Leben miteinander. Sportkindergarten heißt, dass die Kinder sich täglich eine halbe bis eine Stunde sportlich betätigen und ihren Bewegungsdrang entfalten können und dürfen. So werden die Kinder von ausgebildeten Fachkräften in rhythmischer Gymnastik, Schwimmen, Rollsport und im allgemeinen Turnen angeleitet. Es wird keinerlei Zwang ausgeübt, denn die Kinder sollen ja Freude an der sportlichen Betätigung haben und behalten. (Aus der Festzeitung: „20 Jahre Spiel- und Sportkindergarten")*

Das pädagogische Konzept des Kindergartens folgte dem in den siebziger Jahren dominierenden Verständnis der Bewegungserziehung, das auf die Vermittlung sportmotorischer Fertigkeiten ausgerichtet war. Ausgehend von der These, dass es notwendig sei, grundlegende motorische Fähigkeiten auszubilden und zu üben, wurde die Förderung der Grundformen der Bewegung angestrebt. Kinder sollten sich bereits in frühen Lebensjahren in

Der Osnabrücker Spiel- und Sportkindergarten

diesen auch als „Grundtätigkeiten" bezeichneten Bewegungsformen üben, da hierauf die sportliche Fertigkeitsentwicklung aufbaue (Diem 1980).

Diese Akzentuierung trat in den folgenden Jahren in den Hintergrund. Statt einer Erziehung zum Sport wurden zunehmend die weit reichenden pädagogischen Möglichkeiten bewusst, die sich mit der Bewegungsförderung verbinden. Bewegung wurde als wichtiges Mittel der Entwicklungsförderung von Kindern erkannt und allmählich anerkannt.

Im Vordergrund des heutigen Konzeptes des Osnabrücker Spiel- und Sportkindergartens stehen folgende pädagogische Grundannahmen:

(…) dass eine allseitige Bildung des Kleinkindes nur erreicht werden kann, wenn selbstständiges Erproben, Erfahren und Handeln möglich sind, und dass die im motorischen Bereich gemachten Erfahrungen zugleich Kenntnisse im emotionalen und sozialen Bereich in sich einschließen bzw. auf diese übertragbar sind (Bernhard 1994, 143).

Die Erzieherinnen des Spiel- und Sportkindergartens betrachten es als ihr übergeordnetes Ziel, Freude an der Bewegung zu vermitteln. Sie wollen keine Vorbereitung für den Leistungssport betreiben und streben auch nicht die Hinführung zu bestimmten Sportarten an. Durch eine spielerische Gestaltung des Bewegungsangebotes sollen die Kinder mit vielfältigen Formen der Bewegung vertraut werden. Außer der Verbesserung des allgemeinen Gesundheitszustandes erhoffen sie sich besondere Wirkungen auf das Sozialverhalten der Kinder.

Trotz vieler konzeptioneller Veränderungen hat der Osnabrücker Spiel- und Sportkindergarten die tägliche „*Sportstunde*" beibehalten, da sie zum Profil des Kindergartens gehört. Sie umfasst 45 Minuten und findet für jede Gruppe einmal am Vor- oder Nachmittag statt. Innerhalb einer Woche werden vier verschiedene Sportarten angeboten: Geräteturnen, Rhythmik, Rollschuhlaufen und Schwimmen.

■ Beim **Geräteturnen** steht das Kennenlernen und Vertrautwerden mit den Turngeräten im Vordergrund. An den Gerätekombinationen, die in Form einer Bewegungslandschaft in der großen Turnhalle aufgebaut sind, erproben und üben die Kinder Bewegungsgrundformen wie Klettern, Schwingen, Laufen und Springen. Sie können sich weitgehend frei an den Geräten bewegen. Natürlich werden auch Akzente in Form von Übungen gesetzt, die das Bewegungsrepertoire der Kinder erweitern sollen.

Kleine Geschichte des Bewegungskindergartens

- In der **Rhythmikstunde** steht die Wahrnehmungsförderung im Vordergrund. Die Kinder lernen aber auch, sich nach Musik zu bewegen, sich auf Tempo, Klang und Rhythmus einzustellen, selbst Bewegungsformen zu erfinden und zu gestalten. Damit verbunden ist eine Förderung der Koordinations- und der Orientierungsfähigkeit, der Wahrnehmungsfähigkeit und des Sozialverhaltens. Zwar steht jeweils ein Thema im Vordergrund, in jeder Stunde gibt es aber auch eine sogenannte „Spielzeit", in der die Kinder durch Experimentieren mit den Handgeräten (Seil, Ball, Reifen, Keule usw.) Materialerfahrung sammeln können.

- Beim **Rollschuhlaufen** erlernen die Kinder durch spielerische Aufgabenstellungen Grundformen des Umgangs mit den Rollschuhen. Damit wird die Schulung des Gleichgewichts und der Koordination angestrebt. Auch in der Rollschuhstunde gibt es eine Spiel- und eine Lernzeit, d. h. es erfolgt bewusst ein Wechsel zwischen freiem Erproben und Spielen mit den Rollschuhen und angeleiteten Bewegungsaufgaben und gemeinsamen Spielen. Die abwechslungsreiche Gestaltung und die Einbeziehung von Kleingeräten tragen dazu bei, dass diese Stunde von den Kindern ganz besonders geliebt wird.

- Beim **Schwimmen** steht zunächst die Wassergewöhnung im Vordergrund, um eine gewisse Sicherheit im Wasser zu erreichen und mit dem Element vertraut zu werden. Auf spielerische Art kommen die Kinder dann im Laufe der Zeit dazu, im Wasser zu tauchen, ohne Schwimmhilfe zu schwimmen, ins Wasser zu springen und erste Schwimmtechniken zu erlernen. Einige Kinder schaffen sogar den Erwerb des „Seepferdchens" und des „Freischwimmers".

Trotz der Nähe zum Sport und der Aufnahme von Sportarten in die Bewegungsangebote, stehen Spielen, Erproben und Erkunden und nicht das Üben und Trainieren im Vordergrund. Die Bewegungsangebote werden insgesamt ohne jeden Zwang und ohne Leistungsdruck durchgeführt, d. h. jedes Kind kann sich entscheiden, inwieweit es sich daran beteiligt. Die Erzieherinnen berichten übereinstimmend von positiven Auswirkungen der regelmäßigen sportlichen Aktivitäten auf die Gesamtentwicklung der Kinder. Sie entwickeln nicht nur eine Reihe von Bewegungsfertigkeiten und eine gute Körperbeherrschung, sondern auch einen sicheren Umgang mit Geräten und Materialien. Darüber hinaus erwerben sie eine gute Aufnahmebereitschaft und Konzentrationsfähigkeit und erstaunliche Fähigkeiten im feinmotorischen Bereich (Bernhard 1994, 145).

Der Osnabrücker Spiel- und Sportkindergarten

Kritisch zu betrachten ist allerdings die aus organisatorischen Gründen (Hallenbelegung, Einbeziehung von Honorarkräften) notwendige zeitliche Festlegung, die den Rahmen für alle weiteren Aktivitäten im Tagesablauf des Kindergartens vorgibt. Für situative Bedürfnisse und Betätigungen bleibt hier wenig Raum. Nicht immer hat jedes Kind einer Gruppe gleichermaßen Lust, an einem bestimmten Tag zu einer bestimmten Stunde zum Schwimmen zu gehen oder die Turnhalle aufzusuchen.

Auch wenn die pädagogische Arbeit in diesem Spiel- und Sportkindergarten als sehr erfolgreich beschrieben werden kann, soll nicht verschwiegen werden, dass es im Zusammenhang mit finanziellen Schwierigkeiten des Vereins zu Beginn der 90er-Jahre zu einer kritischen Situation in der Zusammenarbeit kam. Die Existenz des Kindergartens war gefährdet, weil er für den Osnabrücker Turnerbund zu einer immer größer werdenden Belastung wurde. Es drohte die Schließung. Daraufhin bildete sich jedoch eine Elterninitiative, die einen privaten Verein, den

Kleine Geschichte des Bewegungskindergartens

„Osnabrücker Spiel- und Sportkindergarten e.V." gründete und den Kindergarten in dessen Trägerschaft weiterführte. Die Stadt Osnabrück wurde Eigentümerin des Gebäudes.

In dieser Form besteht der Kindergarten auch heute noch. Die Änderung in der Trägerschaft hat die nach wie vor gute Zusammenarbeit mit dem Sportverein kaum beeinträchtigt, auch jetzt werden Räume zur Verfügung gestellt und die Sportlehrkräfte des Vereins gestalten die Sportangebote für die Kinder. Allerdings muss die Honorierung der im Verein beschäftigten Sportlehrkräfte nun vom Kindergarten übernommen werden. Hierfür zahlen die Eltern neben den normalen Gebühren für den Kindergartenbesuch einen besonderen „Sportbeitrag" (z. Zt. beträgt er DM 15,– im Monat). Nach den Erfahrungen der Kindergartenleitung sind die Eltern hierzu jedoch gerne bereit, da die spezifischen Sportangebote das Profil des Kindergartens prägen.

1.2 Die Weiterentwicklung der pädagogischen Leitidee

Der Wunsch, die erste öffentliche Erziehungsinstitution als Bewegungskindergarten zu konzipieren, ist im Laufe der Zeit noch größer geworden. Das Motiv zur Einrichtung eines Bewegungskindergartens ist heute aktueller als zur Zeit der Gründung der ersten Sportkindergärten: Kindheit heute ist von Bewegungsmangel geprägt, die Einseitigkeit der Sinneserfahrungen hat sich durch den Anstieg des Medienkonsums und durch die zunehmende Verhäuslichung des Alltagslebens von Kindern sogar noch verstärkt.

So ist es nicht verwunderlich, dass an vielen Orten Bewegungskindergärten entstanden, deren Träger nicht unbedingt Sportvereine waren. Sie verfügten zwar nicht über ein so üppiges Angebot an Sportstätten, fühlten sich aber der Idee des Bewegungskindergartens verpflichtet. Im Folgenden werden zwei Beispiele für die Weiterentwicklung der Bewegungskindergärten beschrieben. Sie weisen ganz verschiedene Rahmenbedingungen auf und haben zudem unterschiedliche Träger.

Der Sportkindergarten der Sportgemeinde 1886 e.V. Weiterstadt ist eine der jüngeren Einrichtungen, die sich nicht nur durch eine besonders großzügige Raumgestaltung und qualifizierte personelle Besetzung auszeichnet, sondern vor allem durch ein bewusst an der Psychomotorik

Die Weiterentwicklung der pädagogischen Leitidee

orientiertes Konzept. D. h. im Vordergrund steht eine kindzentrierte, ganzheitliche Methode der Entwicklungsförderung.

Von den vier Gruppen des Kindergartens arbeitet eine Gruppe integrativ, d. h. dass eine bestimmte Anzahl von Plätzen für behinderte Kinder reserviert ist. Der Kindergarten hat vier Gruppenräume mit vielen Nebenräumen. Ein Mehrzwecksaal (160 qm) steht für Bewegungsangebote zur Verfügung; hier sind auch die Geräte für das Sportangebot untergebracht. An den Kindergarten schließt sich ein Mehrzweckgebäude an, das für das Sport- und Bewegungsangebot im Kindergarten benutzt werden kann. Hier befindet sich ein Schwimmbecken für die Wassergewöhnung. Darüber hinaus wird das Sportzentrum mit seinen Sporthallen, dem Hallenbad etc. genutzt.

Erstaunlich ist in diesem Kindergarten die personelle Besetzung: Neben der Leiterin, den Erzieherinnen und den Kinderpflegerinnen, die als Zweitkräfte in den Gruppen tätig sind, gibt es eine Sportpädagogin, die die Bewegungsangebote gemeinsam mit den Erzieherinnen plant und durchführt, aber auch die Arbeit in den Gruppen begleitet und unterstützt. Dadurch können die Bewegungsangebote und das Alltagsleben im Kindergarten gut aufeinander abgestimmt werden.

Folgende Ideen liegen dem pädagogischen Konzept des Sportkindergartens zu Grunde (vgl. Krawietz, 1997, 193 f.):

■ Die Inhalte orientieren sich weniger am Sport, sondern vielmehr an der Psychomotorik, d. h. dass möglichst viele Gelegenheiten zur Körper-, Material- und Sozialerfahrung gegeben werden.

■ Es werden altersgemischte Gruppen zur Förderung gegenseitiger Rücksichtnahme und zum Lernen voneinander gebildet.

■ Bewusst wurden in den Kindergarten auch Kinder mit Entwicklungsverzögerungen und Behinderungen aufgenommen, um ihnen die Chancen einer ganzheitlichen Förderung durch Bewegung zu geben.

■ Täglich gibt es Bewegungszeiten, die offen und situativ, aber auch geplant und angeleitet sein können. Sie werden sowohl drinnen als auch draußen, sowohl gruppenintern als auch gruppenübergreifend durchgeführt.

■ Die Inhalte der Bewegungserziehung werden so weit wie möglich mit Themen und Ereignissen aus der Lebenswelt der Kinder verknüpft. Ereignisse, die im Gruppenraum eine Rolle spielen, werden in der Turnhalle wieder aufgegriffen. So wird z. B. der Inhalt eines Bilderbuches in Bewegung umgesetzt, zu Beginn der Urlaubszeit wird eine

Kleine Geschichte des Bewegungskindergartens

Fantasiereise ans Meer oder in die Berge durchgeführt. Jahreszeiten und Feste werden zum Anlass für Bewegungsaktivitäten.

Jeden Vormittag steht bis 9.30 Uhr die Kindergartenturnhalle allen Kindern gruppenübergreifend zur Verfügung. Hier werden z. B. Bewegungslandschaften, Tanzen zu Musik oder Spiele mit Kleingeräten angeboten. Die Kinder nutzen die offene Turnhalle auch als Begegnungsstätte mit den Kindern anderer Gruppen. Daneben gibt es für jede Gruppe einmal in der Woche von 10 bis 12 Uhr ein Bewegungsangebot, so dass die Gesamtzahl der Kinder (in der Regel sind es 25) halbiert werden kann. Diese Bewegungsstunde in der Kleingruppe wird meist mit Bewegungsgeschichten oder Spielangeboten verbracht.

Neben den regelmäßigen Bewegungsstunden gibt es im Sportkindergarten Weiterstadt viele weitere Bewegungsmöglichkeiten:

- Die große Sporthalle des Vereins ist mit Ringen, Tauen, Kästen, Sprossenwänden und Weichboden-Matten ausgestattet und steht jeder Gruppe einmal pro Woche zur Verfügung.
- Auch die Gestaltung der Gruppenräume lässt viel Bewegung zu. Jeder Gruppenraum hat einen Turm aus Holz mit drei Ebenen, die Treppen sind beliebte Spielflächen der Kinder. In der untersten Turmebene gibt es eine Hängematte. Die Gruppenräume verfügen über viel Bodenspielfläche, zeitweise kommen hier große Schaumstoffwürfel zum Einsatz.
- Selbst auf dem Flur gibt es Bewegungsmöglichkeiten: Es stehen Rollschuhe, Pedalos und Balancierkreisel zur Verfügung, außerdem vielfältige Materialien für Wahrnehmungsspiele.

Christine Krawietz, die Sportpädagogin des Sportkindergartens, beschreibt das Alltagsleben in diesem bewegungsfreundlichen Umfeld folgendermaßen:

Die Architektur des Kindergartens ist sehr offen und gibt direkte Verbindungen zwischen den jeweiligen Nachbargruppen über einen gemeinsamen Intensivraum und den Waschraum. Über die Galerie im ersten Stock sind alle vier Gruppenräume miteinander verbunden. Die Kinder können und dürfen im ganzen Haus unterwegs sein, Besuche untereinander sind selbstverständlich. Der Sportkindergarten hat keine offenen Gruppen, aber ein offenes Konzept, welches sich in der Architektur, im Tagesablauf, bei Festen und in den Bewegungsangeboten nieder-

Die Weiterentwicklung der pädagogischen Leitidee

schlägt. Das Außengelände ist sehr großzügig. Es ist mit einem Erdhügel mit integrierter Rutschbahn und einem Kriechtunnel ausgestattet. Des Weiteren befinden sich dort Schaukeln, Reckstangen und ein Spielhaus. Zusätzlich zu den starren Spielgeräten bietet eine Bewegungsbaustelle aus Brettern, Reifen, großen Holzkisten, Leitern, Getränkekisten, Böcken den Kindern die Möglichkeit, selber etwas zu bewegen und sich ihre Bewegungsanlässe selbst zu bauen. (Krawietz 1997, 195 ff.)

Die meisten Kindergärten verfügen nicht über so großzügige Sporthallen und Bewegungsräume wie die beiden vorangegangenen Beispiele es zeigten. Deswegen ist es besonders erfreulich, dass auch Einrichtungen mit einem eher bescheidenen räumlichen Umfeld sich bemühen, ihr pädagogisches Konzept ganz auf die Spiel- und Bewegungsbedürfnisse von Kindern abzustimmen.

Der Bewegungskindergarten Christuskirche in Schweinfurt steht nicht in der Trägerschaft eines Sportvereins und verfügt auch nur über eher begrenzte Räumlichkeiten. Ein engagiertes Team, in dem sich fast alle Mitarbeiterinnen an Zusatzausbildungen und Fortbildungen zur frühkindlichen Bewegungsförderung beteiligt haben, schaffte es jedoch, auch unter einfachsten Bedingungen einen Bewegungskindergarten auf kleinstem Raum zu schaffen. Karin Schaffner, die Initiatorin des Schweinfurter Bewegungskindergartens, berichtet hierüber:

In unserem Kindergarten ist Bewegung zur pädagogischen Leitidee geworden. Atmosphäre und Umgebung fördern Neugierverhalten, Kreativität, Spontaneität und Sozialverhalten, damit unsere Kinder zu selbstbewussten, gesunden und fröhlichen Menschen heranwachsen können. Wir beziehen die Bewegung in alle anderen Lernbereiche ein! Schon auf dem Gehweg vor dem Kindergarten laden gemalte Fantasietiere zum Balancieren und Hüpfen ein. In allen Gruppenräumen gibt es mehrere Spielebenen mit Tobeecke, Kletterwand und -tau, Hängematte, Höhlen, Minitrampolin, Riesenkreisel, Gummitwist, Steckenpferde, Dosenstelzen, Tast-, Hör- und Riechspiele und eine Werkbank mit allen gängigen Werkzeugen. (Schaffner 2001, 203)

Die Umgestaltung des Kindergartens zu einem Bewegungskindergarten beruht hier vorwiegend auf der Initiative engagierter Erzieherinnen. Sie schafften es, auf einem kleinen, ungünstig zugeschnittenen Außengelän-

Kleine Geschichte des Bewegungskindergartens

de ein kleines Bewegungsparadies mit einer „echten" Baustelle, einem Indianerdorf, einem Kletterbaum, einer Fußfühlstraße mit Naturmaterialien und einem Summstein zu kreieren. Die Kinder besuchen regelmäßig ein nahe gelegenes Schwimmbad einer Grundschule, die Schlittschuhbahn und den Rollschuhverein.

Es hängt also nicht allein vom Vorhandensein von Sporthallen und optimalen Geräteausstattungen ab, ob ein Kindergarten umfassende Möglichkeiten für Spiel und Bewegung und damit die Voraussetzungen für eine kindgerechte Entwicklungsförderung schaffen kann, sondern eher vom Engagement und von der Überzeugung der Erzieherinnen.

1.3 Empirische Begleituntersuchungen – Die Bedeutung für die Entwicklung der Kinder

Die Erwartungen an einen Bewegungskindergarten sind groß: Werden hier Kinder in ihrer Entwicklung tatsächlich mehr gefördert als in einer Einrichtung, in der Bewegung eine weniger große Rolle spielt? Treten nicht andere Entwicklungsbereiche, z. B. das Sozialverhalten oder die kognitive Entwicklung in den Hintergrund, wenn Bewegung einen so hohen Stellenwert einnimmt?

Diese Frage bewegte auch die Verantwortlichen des Weiterstädter Sportkindergartens. Bereits bei seiner Gründung hatten sie beschlossen, durch eine wissenschaftliche Begleituntersuchung die Entwicklung der Kinder zu verfolgen und die Effektivität ihres Konzeptes zu überprüfen. In einer Längsschnittuntersuchung wurde die Frage untersucht, wie sich regelmäßige Bewegungsangebote auf Kinder auswirken. Zum Vergleich wurden zwei Kontrollkindergärten in die Untersuchung einbezogen. Einzugsgebiet und soziales Umfeld der Kinder stimmten überein, zudem verfügten alle Kindergärten über gute räumliche Bedingungen. In einem der beiden Kontrollkindergärten wurden die Erzieherinnen verstärkt für den Bewegungsbereich sensibilisiert, in der anderen Einrichtung wurde bewusst keinerlei Einfluss auf die Angebote genommen. Insgesamt nahmen mehr als 400 Kinder in den drei Kindergärten an den Untersuchungen teil.

Zur Überprüfung des motorischen und sozialen Entwicklungsstandes der Kinder wurden mehrere Testverfahren eingesetzt (u. a. MOT 4–6, Ca-

Empirische Begleituntersuchungen

lifornia Child Questionnaire, Darmstädter Bildertest). Die Untersuchungen brachten folgende Ergebnisse:

Kinder, die in einem „bewegungsfreundlichen" Umfeld leben, zeigten hinsichtlich der motorischen Entwicklung insgesamt bessere Ergebnisse als die Kinder, deren häusliches Umfeld weniger bewegungsfreundlich war. Die besten Ergebnisse im Motoriktest hatten die Kinder, die den Sportkindergarten besuchten. Insbesondere die Koordinationsfähigkeit hatte sich bei ihnen verbessert. Aber auch hinsichtlich der sozialen Entwicklung schnitten die Kinder des Sportkindergartens besser ab. Sie waren rücksichtsvoller, hilfsbereiter und kooperativer und konnten sich schon gut in andere Kinder hineinversetzen (vgl. Ungerer-Röhrich 1997).

Kleine Geschichte des Bewegungskindergartens

Scherrer/Prohl (1997) berichten über eine Studie in Thüringer Kindergärten, die u. a. die Wirkungen einer offenen Bewegungserziehung überprüfte. Die Kindergartengruppen, die an regelmäßigen Fortbildungsangeboten teilgenommen hatten, wurden innerhalb eines Zeitraums von 15 Monaten hinsichtlich ihrer Motorik, ihrer Intelligenz und ihres sozial-affektiven Verhaltens untersucht. In allen Bereichen zeigten sich signifikante Entwicklungsfortschritte: Die Kinder profitierten nicht nur in ihrer Bewegungsentwicklung, sondern vor allem auch in der intellektuellen Entwicklung von den regelmäßigen Bewegungsangeboten. Die Autoren messen insbesondere dem aufgeschlosseneren und sensibleren Verhalten der Erzieherinnen die größte Bedeutung für die Entwicklungsfortschritte der Kinder bei:

Die kindliche Entwicklung wird zwar wesentlich beeinflusst durch materiale Einflüsse, z. B. durch die Bereitstellung motivierender und dem kindlichen Entwicklungsniveau entsprechender Materialien bestimmt, als Einflussgrößen stehen sie aber deutlich hinter dem Erziehungsverhalten zurück. Ein förderliches Erziehungsverhalten schafft Freiräume, die die Kinder offensichtlich für fruchtbare Lern- und Erfahrungsprozesse zu nutzen verstehen. (Scherrer/Prohl 1997, 172)

1.4 Die Bausteine eines Bewegungskindergartens

Wie wird nun ein Kindergarten zum Bewegungskindergarten? Der Blick auf die Entwicklungsgeschichte der Sportkindergärten hat deutlich gemacht, dass es nicht einzelne Aktionen, räumliche Besonderheiten oder die Materialausstattung allein sind, die die Grundlage für ein bewegungspädagogisches Konzept liefern. Ein Bewegungskindergarten setzt sich aus vielen verschiedenen Elementen, sozusagen aus Bausteinen zusammen. Bausteine allein reichen jedoch nicht aus, um ein stabiles Gebäude zu errichten. Ganz wichtig sind das Fundament und das Dach des Hauses – sie bilden die Klammer, die alles zusammenhält.

Wie ein stabiles Haus, ruht das Konzept des Bewegungskindergartens auf einem soliden Fundament, den anthropologischen Grundannahmen über das Wesen des Menschen. Das Bild des Kindes als Bewegungswesen ist die Basis des Konzeptes. Die Steine, aus denen das Haus gebaut wer-

Die Bausteine eines Bewegungskindergartens

den kann, bestehen aus den vielfältigen Situationen und Möglichkeiten zur Bewegung, die den Kindern zur Verfügung stehen. Zu den Bausteinen zählen z. B. die regelmäßigen Bewegungsangebote und eine Raumgestaltung, die viele Bewegungsmöglichkeiten bietet: Treppen, Flure und Verkehrsflächen sind nicht nur zweckrational gestaltet, sondern fordern zu sinnlichen Erfahrungen und selbstorganisiertem Spielen auf. Das trifft natürlich auch auf das Außengelände zu, das Kinder zu vielfältigen Sinneswahrnehmungen anregen sollte. So paradox es klingen mag, ein Bewegungskindergarten kann wenigstens zeitweise auch ein Ort der Stille sein, der Ruhe, der inneren Bewegung, in der Wege zum In-sich-Hineinhören, zur Konzentration und Entspannung gefunden werden. Ein wichtiger Baustein des Bewegungskindergartens ist die Elternarbeit. Elternabende zum Thema Wahrnehmung und Bewegung, gemeinsame Spielnachmittage für Eltern und Kinder, Projekte, an denen Eltern sich beteiligen können, tragen dazu bei, dass die Bewegungsbedürfnisse der Kinder auch im häuslichen Umfeld mehr berücksichtigt werden.

Die Bausteine des Bewegungskindergartens benötigen neben dem festen Fundament auch ein Dach, das Schutz und Begrenzung gewährt. Das pädagogische Konzept erfüllt die Funktion eines solchen Daches. In ihm ist die gemeinsame pädagogische Grundorientierung festgeschrieben, es enthält pädagogischen Leitideen, die das Team erarbeitet hat und mit denen es arbeitet, Ideen, die das Team auch der Öffentlichkeit präsentiert.

Die Basis des Hauses, die anthropologischen Vorstellung, die der pädagogischen Arbeit zu Grunde liegen, werden im nächsten Abschnitt gemeinsam mit dem daraus ableitbaren pädagogischen Konzept erläutert werden. Die Bausteine des Bewegungskindergartens werden ausführlich im dritten Kapitel vorgestellt.

Kleine Geschichte des Bewegungskindergartens

Modell des Bewegungskindergartens

Grundannahmen und pädagogisches Konzept

Die Konzeption eines Kindergartens verdeutlicht, nach welchen pädagogischen Grundsätzen gearbeitet wird, welche Ziele mit der pädagogischen Arbeit verfolgt werden, wo Akzente gesetzt und Schwerpunkte gebildet werden. Grundlage jeder Konzeption ist das Bild vom Kind.

In der Konzeption wird das besondere Profil des Kindergartens sichtbar. Die Profile von Kindergärten können sehr unterschiedlich sein. In einem Bewegungskindergarten wird Bewegung als *das* Gestaltungsinstrument der pädagogischen Arbeit verstanden. Die bewegungspädagogische Ausrichtung gründet auf der Überzeugung, dass Bewegung für die Entwicklung eines Kindes eine außerordentlich große Bedeutung hat, da Bewegungs- und Wahrnehmungserfahrungen mit anderen Bereichen der Persönlichkeitsentwicklung eng verbunden sind. Die sich daraus ergebenden Konsequenzen für die Auswahl der Inhalte der pädagogischen Arbeit und der Methoden werden im Folgenden dargestellt.

2.1 Anthropologische Grundannahmen – Das Bild vom Kind

Jedem Erziehungs- und Bildungskonzept, aber auch jedem praktischen Handeln, liegt ein ganz bestimmtes Bild über das Wesen des Menschen zu Grunde. Ob man davon ausgeht, dass ein Kind z. B. durch Anleitung mehr lernt als durch selbstständiges Entdecken, ob es ein Recht auf eigene Entscheidungen hat oder ob allein der Erwachsene wissen kann, was für ein Kind gut ist – solche Überlegungen beeinflussen bewusst oder unbewusst jedes pädagogische Handeln.

Das Konzept des Bewegungskindergartens, wie er in diesem Buch beschrieben wird, orientiert sich an einem humanistischen Menschenbild. Die zentralen Grundgedanken dieses Menschenbildes können folgendermaßen zusammengefasst werden (vgl. Völker 1980, 15 ff.):

Grundannahmen und pädagogisches Konzept

■ **Autonomie und soziale Interdependenz**

Zu Beginn seines Lebens ist jeder Mensch in hohem Maße von seiner Umwelt abhängig. Mit zunehmender Beherrschung seines Körpers strebt er jedoch nach Unabhängigkeit von äußerer Kontrolle. Er entwickelt ein aktives Selbst, das in zunehmendem Maße in die eigene Entwicklung eingreifen und die Verantwortung für das eigene Leben übernehmen kann. Diese Tendenz wird als Streben nach Autonomie bezeichnet, d. h. der Mensch strebt danach, sich selbst und die Umwelt zu beherrschen und dadurch unabhängig von äußerer Kontrolle zu werden. Autonomie heißt aber auch, sozialverantwortlich zu handeln. „Nur ein Individuum, das für sich selbst verantwortlich ist, kann Verantwortung für die Gemeinschaft übernehmen. Eine Person, die entdeckt hat, dass sie sich selbst verändern kann, wird auch zu notwendigen Veränderungen der Umwelt beitragen." (Völker 1980, 17)

■ **Selbstverwirklichung**

Der Mensch wird als aktives, lebendiges, unternehmungslustiges Wesen betrachtet. Er hat das Bedürfnis, seine Umwelt zu erforschen, Wissen zu erwerben und seine schöpferischen Fähigkeiten zu entfalten. Dieses Streben nach Selbstverwirklichung gilt als grundlegende Antriebskraft, die sich in ständigem Austausch mit der sozialen Umwelt entfaltet. Nun entwickeln sich die Anlagen und Fähigkeiten eines Menschen nicht automatisch und ganz von selbst, es sind Umgebungsbedingungen erforderlich, die diesen Prozess unterstützen und fördern.

■ **Ziel- und Sinnorientierung**

Der Mensch strebt nicht nur nach Selbsterhaltung und Bedürfnisbefriedigung, sondern nach einem sinnvollen und erfüllten Dasein. Voraussetzung hierfür ist, dass elementare Bedürfnisse nach Sicherheit und Liebe befriedigt sind.

■ **Ganzheit**

Der Mensch wird als Ganzheit gesehen. Psychische, kognitive, emotionale, soziale und somatische Prozesse sind aufeinander bezogen. An jeder Handlung ist immer der ganze Mensch beteiligt. Leib und Seele, Gefühl und Vernunft werden als Einheit gesehen. Aus humanistischer Sicht ist der Mensch ein handelndes Subjekt, ein biologisches, psychisches und soziales Wesen.

Ein solches Menschenbild verweist implizit auf die besondere Rolle, die Körper- und Bewegungserfahrungen für die Entwicklung des Kindes haben: Der Körper ist ein wichtiges Medium im Prozess des Selbstständig-

Anthropologische Grundannahmen – Das Bild vom Kind

werdens. Das Streben nach Unabhängigkeit wird dem Kind durch seine körperlich-motorischen Erfahrungen bewusst.

Auch im Hinblick auf das Streben nach Selbstverwirklichung spielen Bewegungssituationen eine wichtige Rolle: Sie ermöglichen, dass sich die schöpferischen Kräfte des Kindes entfalten können, dass es auf seine Umwelt einwirken und sie nach seinen Vorstellungen gestalten kann.
Bewegungserfahrungen vermitteln dem Kind die Erfahrung sinnvollen Handelns. Diese Sinnhaftigkeit leitet sich allerdings nicht aus dem Zweck oder den möglichen Ergebnissen des Tuns ab, denn Bewegung und Spiel sind Tätigkeiten, die um ihrer selbst willen ausgeführt werden und für sich selbst als positiv erfahren werden.

Schließlich ist zu berücksichtigen, dass Bewegungshandlungen stets mit emotionalen, kognitiven und sozialen Anteilen verflochten sind. Bewegung ist Ausdruck der Gesamtbefindlichkeit des Kindes und darf daher nie unter einem einzigen Aspekt, z. B. dem funktionellen, betrachtet werden. An jeder Bewegungshandlung ist immer der ganze Mensch beteiligt.

Grundannahmen und pädagogisches Konzept

Das Kind als aktiver Gestalter seiner Entwicklung

Beobachtet man ein Kleinkind beim Spielen, lässt sich nicht übersehen, wie früh bei ihm der Wunsch vorhanden ist, etwas selbst zu tun, sich selbst zu helfen und damit immer unabhängiger und selbstständiger zu werden. Das Kind bemüht sich um die Erweiterung seiner Kompetenzen, das Bestreben nach Autonomie und Selbstständigkeit ist offensichtlich eine wesentliche Antriebskraft kindlicher Entwicklung.

Das Selbstständigkeitsstreben des Kindes äußert sich in seiner Aktivität und seinem Bedürfnis nach schöpferischem Gestalten. Deswegen muss auch den aktiven und kreativen Kräften, die der menschlichen Entwicklung innewohnen, ein besonderer Stellenwert beigemessen werden. Das Kind ist ein schöpferisches Wesen, das sein Selbstwerden aktiv betreibt.

Das heißt, dass das Kind sich nur durch seine eigene Aktivität entwickelt und dass nur solche Maßnahmen und Anregungen zu Fortschritten in der Entwicklung führen, die der Motivation und den Handlungsmöglichkeiten des Kindes entsprechen. Das Kind muss also Gelegenheit haben, „der Akteur seiner Entwicklung" zu sein (vgl. Kautter 1988).

Wie sieht nun diese Entwicklung aus, bzw. wie erobert sich ein Kind die Welt? Anthropologische Erkenntnisse besagen, dass der Mensch ein Bewegungswesen ist. Er ist auf Bewegung angewiesen, wenn er sich mit seiner Umwelt auseinandersetzen und auf sie einwirken will.

Beim Kind sind Körper- und Bewegungserfahrungen die hervorragendsten Mittel für das Selbstständigwerden. Körperliche Fähigkeiten und Leistungen, etwas können und etwas dürfen – all dies sind Symbole des Größerwerdens. Sich zum ersten Mal an einem Möbelstück hochziehen und sich aufrichten, sich allein anziehen, über die Gitterstäbe des Bettes klettern, auf einen Zaun steigen – Zeichen wachsender Selbstständigkeit. Nicht von ungefähr kommt das Wort ,Selbstständigwerden' von „Selber-stehen-können". Über seinen Körper und seine Bewegung wird das Kind zunehmend unabhängiger vom Erwachsenen.

Selbsttätigkeit ist eine wesentliche Voraussetzung für die kindliche Entwicklung. Das Kind eignet sich seine Umwelt durch aktives Tun an. Auf diese Weise erfährt es die Wirksamkeit des eigenen Handelns, es erlebt sich als Verursacher von Effekten. Beim Bewegen und im Spiel gibt es viele Situationen, in denen Kinder Eigenaktivität, Selbsttätigkeit und selbstständiges Handeln einüben können, um so die Voraussetzungen für Selbstvertrauen und Ich-Stärke zu erwerben.

Die Erzieherin hat hier vor allem die Aufgabe, eine entwicklungsfördernde Umgebung zu schaffen, d. h. die Rahmenbedingungen der Erziehung so zu gestalten, dass das Kind seine Kräfte und Fähigkeiten ausbilden kann.

2.2 Entwicklungspsychologische Voraussetzungen – Lernen durch Wahrnehmen und Bewegen

Bewegung ist für Kinder eine Quelle vielfältiger Erkenntnisse. Vor allem in den ersten Lebensjahren ist Bewegung ein wichtiges Erfahrungsmittel, von dem es abhängt, in welcher Weise das Kind Eindrücke aus seiner Umwelt aufnimmt und verarbeitet.

Die sinnliche Wahrnehmung eröffnet Kindern den Zugang zur Welt. Sie ist die Wurzel jeder Erfahrung, durch die sie die Welt jeweils für sich wieder neu aufbauen und verstehen können. Lernen im frühen Kindesalter ist in erster Linie Lernen über Wahrnehmung und Bewegung.

Die Bedeutung der Wahrnehmung

Wahrnehmen ist ein aktiver Prozess, bei dem sich das Kind mit allen Sinnen mit seiner Umwelt auseinander setzt. Durch die Sinne begegnet es Lebewesen und Dingen, es kann sie sehen, hören, befühlen und anfassen, kann sie schmecken und riechen, sich mit ihnen bewegen. Die Sinne liefern dem Kind viele Informationen über seine Umwelt und sie vermitteln die Erfahrung, selbst Teil dieser Welt zu sein. Das Greifen ist immer auch ein Begreifen, das Fassen ein Erfassen. Das Kind gewinnt, bevor es sich sprachlich mitteilen kann, bereits ein Wissen über räumliche Beziehungen und es hat dieses Wissen auf Grund seiner Erfahrungen durch Wahrnehmung und Bewegung erworben.

Ein gut funktionierendes Wahrnehmungssystem kann als Voraussetzung für die Auseinandersetzung des Kindes mit seiner Umwelt betrachtet werden. Zwar sind die meisten Menschen von Geburt an mit einer durchschnittlich guten Fähigkeit zur Wahrnehmung ausgestattet, diese Grundfähigkeit muss jedoch vor allem in der Kindheit durch beständige Anpassung an Situationen, Dinge und Anforderungen geübt werden (vgl. Zimmer 2000a).

Je vielfältiger sensorische Funktionen geübt werden, umso sicherer werden Kinder in ihren Bewegungen. Das Zusammenspiel der Sinne

Grundannahmen und pädagogisches Konzept

wird durch Bewegungsaktivitäten gefördert; hier werden Wahrnehmungsleistungen erforderlich, die quasi als „sensorische Nahrung" dienen: Sie setzen komplexe Anpassungsreaktionen in Gang. Kinder lernen Neues hinzu, durch die Anpassungsreaktionen hat das Gehirn die Chance, sich weiterzuentwickeln und sich damit besser zu „organisieren".

Der Prozess der Wahrnehmung

Unter „Wahrnehmung" wird das Aufnehmen und Verarbeiten von Reizen über die verschiedenen Sinnessysteme verstanden. Voraussetzung für die Orientierung in der Umwelt ist die Fähigkeit, Sinnesreize zu differenzieren, wichtige Informationen von unwichtigen zu unterscheiden. Der Säugling ist bereits fähig, aus einer Vielzahl von Geräuschen diejenigen herauszuhören, die für ihn von Bedeutung sind: Die Stimme der Mutter kann er z. B. auch im größten Stimmengewirr erkennen.

Sich konzentrieren zu können heißt demnach, bedeutsame Reize von unbedeutenden zu unterscheiden und die ganze Aufmerksamkeit auf eine Informationsquelle zu richten – z. B. auch bei einem hohen Geräuschpegel im Gruppenraum der Stimme der Erzieherin, die gerade eine Geschichte vorliest, zu folgen und sich von dem umgebenden Lärm nicht ablenken zu lassen.

Wahrnehmungsleistungen nehmen eine Schlüsselfunktion hinsichtlich der Aufnahme und Verarbeitung von Informationen aus der Umwelt ein. Jede neue Situation muss zunächst mithilfe der Sinnesorgane erfasst und an das zentrale Nervensystem weitergeleitet werden, bevor sinnvolle motorische Handlungen folgen können.

Die Sinnesreize und Umwelteindrücke müssen erkannt, interpretiert, einander zugeordnet und behalten werden. Sinnliche Erfahrungen in der richtigen Weise miteinander zu verbinden, ist eine wichtige Voraussetzung für jede Art von Lernen. Ayres (1984) hat diesen Prozess als „Integration der Sinne" bezeichnet.

Die Basis für Lernen und Verhalten wird in den ersten Lebensjahren gelegt und hier spielen vielseitige, ausgewogene Wahrnehmungserfahrungen eine wichtige Rolle.

Die Wahrnehmungsbereiche

Innerhalb der Wahrnehmungssysteme haben die so genannten Grundwahrnehmungsbereiche eine besondere Bedeutung: Das taktile System (das Tasten und Berühren), das vestibuläre System (das Gleichgewicht)

Lernen durch Wahrnehmen und Bewegen

und das kinästhetische System (die Bewegungsempfindungen) bilden die Basis für die sensorische Verarbeitung und sind ein Fundament der kindlichen Entwicklung. Sie werden auch als „körpernahe Sinne" bezeichnet, im Gegensatz zu Sehen und Hören, den „körperfernen Sinnen".

Die Grundlage der Wahrnehmungsentwicklung bilden die taktilen, die kinästhetischen und die vestibulären Erfahrungen, da sie die von der Entwicklung her ‚jüngeren' Formen der Wahrnehmung sind, auf denen alle weiteren aufbauen. Zuerst bilden sich die Sinne aus, die uns Informationen über unseren Körper und seine Beziehung zur Anziehungskraft der Erde geben. Erst danach gewinnen die Sinne an Bedeutung, die uns Informationen über körperferne Dinge liefern.

- Das **taktile System** ist das erste sensorische System, das sich schon im Mutterleib entwickelt und das bereits funktionsfähig ist, wenn visuelle und auditive Systeme sich erst zu bilden beginnen. Taktile Reize werden über die Haut aufgenommen. Die Haut kann somit als das größte Wahrnehmungsorgan aufgefasst werden. Über die Haut nimmt das Kind Temperatur wahr, es ertastet die Beschaffenheit von Material und Gegenständen, es lernt, mit den Händen zu „sehen".

- Die **kinästhetische Wahrnehmung** umfasst die Empfindung von Bewegungen des eigenen Körpers oder einzelner Körperteile bzw. ihr Zusammenspiel. Die Bewegungswahrnehmung erfolgt über Muskeln, Sehnen und Gelenke. Durch die sogenannten Propriozeptoren (im Lateinischen bedeutet „Proprius" – der Eigene) werden dem Gehirn Informationen über die Muskelspannung und die Stellung der Gelenke zum Körper vermittelt.

- Die **vestibuläre Wahrnehmung** ist für die Gleichgewichtsregulation des Körpers verantwortlich. Für diese Funktion wichtige Rezeptoren befinden sich im Innenohr, daher wird das Ohr oft auch als „Gleichgewichtsorgan" bezeichnet. An der Gleichgewichtserhaltung sind jedoch mehrere Sinne beteiligt, man bedenke nur, wie unsicher das Gleichgewicht wird, wenn man versucht, mit geschlossenen Augen über einen Balken zu gehen. Die Gleichgewichtsregulation ist also ein sehr komplexer Vorgang.

- Die **visuelle Wahrnehmung** gehört zu den Sinnesbereichen, die im Alltag einer ständigen Reizüberflutung ausgesetzt sind. Das Auge ist das wichtigste menschliche Informationsorgan. Der weitaus größte Teil der von außen kommenden Informationen wird über dieses Sinnessystem wahrgenommen. Die visuelle Wahrnehmung beschränkt sich allerdings nicht nur auf die Aufnahme von Lichtreizen durch das Au-

Grundannahmen und pädagogisches Konzept

ge, sondern impliziert auch die Verarbeitung der aufgenommenen Informationen durch das Gehirn.

■ Ähnlich verhält es sich mit dem **auditiven Wahrnehmungssystem**. Bereits im Mutterleib nehmen Kinder Geräusche und Töne wahr. Das vertrauteste Geräusch ist der Herzschlag der Mutter. Von diesen Erfahrungen ausgehend differenziert sich die auditive Wahrnehmungsfähigkeit der Kinder immer mehr. Auf ihr baut die Entwicklung der Sprache und der Kommunikation auf.

Die Förderung der Wahrnehmungsfähigkeit ist nicht mit einem starren Trainingsprogramm zu erreichen. Sensorische Erfahrungen sind am wirksamsten, wenn Kinder selbst aktiv werden können, wenn sie selbst tätig sein dürfen. Kinder lieben „sensorische Sensationen", aber nicht, weil damit ihre Gehirnfunktionen trainiert werden, sondern weil es schön, lustvoll und spannend ist, zu springen, zu schaukeln, sich zu drehen.

Bei Bewegungsspielen schulen Kinder ihren Gleichgewichtssinn, ohne dass ihnen dies überhaupt bewusst wird und ohne dass sie dafür eine Anleitung bräuchten. Dasselbe gilt für das Üben der vestibulären Wahrnehmung z. B. beim Federn und Springen auf Matratzen oder auf einem Trampolin, beim Schaukeln in Hängematten oder auf Schaukelgeräten, beim Fahren auf Rollbrettern, beim Drehen und Rollen in Röhren oder Autoreifen, beim Balancieren auf Pedalos oder auf Holzbalken.

In einem Bewegungskindergarten fordert bereits die ständige Verfügbarkeit von Spiel- und Bewegungsgeräten die sinnliche Wahrnehmung heraus: Eine Hängematte im Gruppenraum, Schaukeln und Wippen im Freigelände, eine Tonne, die innen mit Kissen ausgepolstert ist und in die man sich hineinlegen kann, Wackelbretter, die selbst hergestellt werden und ausrangierte Autoschläuche und Bretter, mit denen die Kinder selbst Wippen oder andere Gerätekombinationen bauen können.

Bei all diesen Spiel- und Bewegungsvorschlägen muss allerdings beachtet werden, dass sensorische Erfahrungen nicht verordnet, der Spaß am Schaukeln nicht erzwungen werden kann. Kinder haben eine unterschiedliche Toleranzgrenze hinsichtlich der Intensität der sensorischen Reize: Dem einen wird bereits schwindelig, wenn er nur zwei Stufen auf der Sprossenleiter hochklettert, andere lassen sich an Füßen und Händen gehalten im Kreis herumschleudern und können nicht genug davon bekommen. Das Kind muss selbst das Maß bestimmen, wie hoch, wie weit, wie lange es schaukelt, wie schmal die Unterstützungsfläche beim Balan-

Lernen durch Wahrnehmen und Bewegen

cieren ist oder wie weit es auf eine Leiter klettert. Solange sich das Kind der Spiel- und Bewegungssituation aufmerksam widmet, solange sein Interesse und seine Konzentration anhält, kann man davon ausgehen, dass das Angebot richtig ist, dass es den Voraussetzungen des Kindes entspricht und es weder über- noch unterfordert.

Bewegung und kognitive Entwicklung

Die oben beschriebenen Erkenntnisse machen deutlich, dass die kognitive Entwicklung des Kindes in den ersten Lebensjahren vor allem auf Bewegungs- und Wahrnehmungsvorgängen beruht.

Das Kind eignet sich die Welt weniger über das Denken und Vorstellen an, sondern vor allem über seine Sinne, seine unmittelbaren Handlungen und seinen Körper.

Der erprobende und experimentierende Umgang mit Materialien und Gegenständen fördert das Verstehen der Umwelt, der Eigenschaften und Gesetzmäßigkeiten ihrer Handlungsobjekte. Körper- und Bewegungserfahrungen sind somit auch immer verbunden mit der Erfahrung von Dingen und Gegenständen. Indem die Kinder sie im Spiel handhaben, mit ihnen umgehen und sie erproben, lernen sie ihre spezifischen Eigenschaften kennen.

Grundannahmen und pädagogisches Konzept

Sie erfahren z. B. dass ein runder Gegenstand (Ball) weg rollt, ein eckiger (Würfel) dagegen liegen bleibt, dass ein leichter Gegenstand (Luftballon, Zeitlupenball) nur leicht angetippt werden muss, um ihn in die Luft zu befördern, ein schwerer Gegenstand (Medizinball) dagegen besser auf dem Boden rollt.

Beim Spielen mit dem Ball stellen sie fest, dass das Prellen des Balles nicht nur von seiner Größe, seinem Gewicht und seinem Material abhängig ist, sondern auch von dem Untergrund, auf dem er geprellt wird. Auf einer Wiese wird er sich anders verhalten als auf einer Asphaltfläche, auf dem Teppichboden im Bewegungsraum anders als auf dem Kunststoffboden im Flur.

Bei solchen Spielhandlungen nimmt das Kind – bewusst oder unbewusst – die Eigenschaften der Gegenstände wahr. Je vielfältiger und abwechslungsreicher die materiale Umwelt gestaltet ist, je mehr die Handlungsbedingungen variiert werden können, umso mehr Kenntnisse und Erfahrungen kann das Kind erwerben.

In der Entwicklungspsychologie wird diesem Aspekt vermehrt Beachtung geschenkt. Grundlage hierfür ist u. a. die Theorie Piagets (1975), der zufolge sich Denken und Intelligenz in der handelnden Auseinandersetzung des Kindes mit den Objekten seiner Umwelt entwickelt. Über die praktische Bewältigung von Situationen gelangt das Kind zu allgemeinem Wissen. Handlungen werden verinnerlicht, sodass zu einem späteren Zeitpunkt die Abstraktion von der konkreten Tätigkeit möglich ist, das Ergebnis der Handlungen vorweggenommen werden kann und nun die Vorstellung an die Stelle des Ausprobierens tritt.

Grundlegend für die Entwicklung der Intelligenz sind nach Piaget die Möglichkeiten des Kindes, experimentierend und erforschend mit den Objekten seiner Umwelt umzugehen und selbstständig Erfahrungen sammeln zu können. Bewegung spielt hierbei eine zentrale Rolle.

Bewegung eröffnet Kindern den Zugang zur Welt. Mit dem Erwerb vielseitiger Erfahrungen durch das Medium Bewegung wird eine Erweiterung kindlicher Handlungsfähigkeit erreicht. Das Kind setzt die Bewegungsaktivität ein, um zu einem Wissen über seine Umwelt zu gelangen, ein Wissen, das auf der eigenen selbstständig gewonnenen Erfahrung basiert und nicht aus zweiter Hand erworben wird.

Dass dies nicht nur hoffnungsvolle Erwartungen sind, zeigt eine Untersuchung an 300 Kindern im Alter von vier bis sechs Jahren (vgl. Zimmer 1996). Hier konnte ein enger Zusammenhang zwischen der Bewegungsentwicklung eines Kindes, seiner Intelligenz und dem Grad seiner Selbstständigkeit nachgewiesen werden. Darüber hinaus wurde durch ein regelmäßig durchgeführtes Bewegungsangebot nicht nur eine Zunahme der motorischen Leistungen festgestellt. Die teilnehmenden Gruppen zeigten auch in einem Intelligenztest erheblich bessere Leistungen.

2.3 Bewegung als Voraussetzung für Gesundheit und Wohlbefinden

Im vorschulischen Alter vollziehen sich grundlegende Entwicklungsprozesse. Sie bilden die Basis auch für das spätere körperliche Leistungsvermögen und Wohlbefinden. Zur Ausbildung leistungsfähiger Organe benötigt der Organismus genügend Reize. Die Organsysteme des Körpers (z. B. der passive und aktive Stütz- und Bewegungsapparat, das Kreislaufsystem, das Stoffwechselsystem) sind nicht allein von unseren Erbanlagen abhängig, sondern vor allem von der Qualität und Quantität ihrer Belastung. Kinder müssen täglich Gelegenheiten haben, sich zu verausgaben und damit quasi im Spiel funktionelle Reize zu erfahren. Aus pädagogischer, vor allem aber auch aus medizinischer Sicht, ist das Toben, Rennen und „Sichverausgaben" also durchaus wichtig für die körperliche und motorische Entwicklung der Kinder. Es regt das Herz-Kreislaufsystem an, trainiert die Muskulatur und verbessert die Koordinationsfähigkeit.

Trotz eines gut funktionierenden Vorsorgesystems und ausreichender medizinischer Versorgung aller Bevölkerungsschichten, verläuft die kindliche Entwicklung im Vorschulalter in vielen Fällen nicht problemlos. Die Bundeszentrale für gesundheitliche Aufklärung wertete Schuleingangsuntersuchungen aus und kam dabei zu folgenden Ergebnissen (vgl. BzgA 1998):

■ Auffallend viele Kinder weisen Defizite bei körperlichen Ausdauerleistungen, bei der Entwicklung der Körperkraft und in der Koordinationsfähigkeit auf. Je geringer die körperliche Leistungsfähigkeit ist, desto häufiger zeigen sich Haltungsschwächen; darüber hinaus häufen sich die Unfälle im Straßenverkehr sowie im häuslichen und Freizeitbereich.

■ Über- bzw. Untergewicht tritt bereits bei vielen Kindergartenkindern auf. Die Fehlgewichtigkeit ist meistens eine Folge falscher Ernährung.

Grundannahmen und pädagogisches Konzept

- Daneben wurden häufig Verzögerungen im Spracherwerb, Verhaltensauffälligkeiten und Konzentrationsstörungen festgestellt.

Viele dieser Symptome sind auf Bewegungsmangel in der frühen Kindheit und im vorschulischen Alter zurückzuführen. Sie sind auch eine Folge veränderter Lebensbedingungen von Kindern, deshalb kann man viele Entwicklungsauffälligkeiten in der frühen Kindheit als Zivilisationskrankheiten verstehen. Über vielfältige Bewegungsangebote sind sie jedoch präventiv beeinflussbar.

Das Verständnis von Gesundheit bezieht sich heute allerdings nicht mehr einseitig auf die körperliche Funktionstüchtigkeit, sondern schließt auch immer psychosoziale Faktoren ein.

Kurz/Tietjens (1998) unterscheiden verschiedene Klassen von Gesundheitsressourcen, die durch Sport und Bewegung günstig beeinflusst werden können. Dazu gehören:

- körperliche Gesundheitsressourcen wie z. B. die Leistungsfähigkeit des Herz-Kreislaufsystems und des Immunsystems oder die Widerstandsfähigkeit des passiven Bewegungsapparats
- personale Gesundheitsressourcen wie z. B. ein positives Körper- und Selbstkonzept
- soziale Gesundheitsressourcen wie z. B. Rückhalt und Unterstützung bei Angehörigen und Freunden.

Insbesondere für die körperlichen und personalen Gesundheitsressourcen von Kindern haben Bewegungserfahrungen eine große Bedeutung.

Zu den personalen Ressourcen gehört insbesondere die Einstellung des Menschen zu sich selbst. Sehr wichtig ist z. B. die Überzeugung, selbst etwas bewirken, verändern zu können und dem eigenen Schicksal nicht hilflos ausgeliefert zu sein. Ich-Stärke, Kompetenzbewusstsein, positives Selbstbild, psychische Stabilität zählen für Hurrelmann (1988) zu den wichtigsten personalen Ressourcen. Wenn diese Ressourcen vorhanden sind, können externe und interne Belastungsfaktoren besser bewältigt werden.

2.4 Bewegung zur Förderung sozialen Lernens

Die soziale Entwicklung vollzieht sich bei Kindern weniger über bewusste Erziehungsmaßnahmen, verbale Belehrungen oder Anleitung. Viel entscheidender sind die Erfahrungen, die Kinder im alltäglichen Umgang und im Zusammenleben mit anderen machen: Hier lernen sie nachzugeben und sich zu behaupten, zu streiten und sich zu versöhnen, sich durchzusetzen und sich unterzuordnen, zu teilen und abzugeben, auszuhandeln und zu bestimmen, sich gegenseitig abzulehnen und sich zu akzeptieren.

Das Kindergartenalter zählt zu den für die Entwicklung sozialer Verhaltensweisen wichtigsten Entwicklungsabschnitten. Viele in dieser Zeit erworbenen Verhaltensmuster überdauern und prägen nachfolgende Lebensabschnitte (vgl. Verlinden/Haucke1990).

Kinder brauchen Kinder, um in eine soziale Gemeinschaft hineinwachsen zu können. Vor allem altersgemischte Gruppen bieten die Chance, sich gegenseitig zu helfen, voneinander zu lernen und sich auf die jeweiligen Fähigkeiten jüngerer oder älterer Kinder einzustellen.

Bewegungsangebote und Bewegungsspiele sind hierfür besonders gut geeignet. Sie beinhalten zahlreiche Situationen, die es erforderlich machen, dass Kinder sich mit ihren Spielpartnern auseinandersetzen, Konflikte lösen, Rollen übernehmen, Spielregeln aushandeln und anerkennen. Überdies bilden sie ein hervorragendes Übungs- und Trainingsfeld für die Akzeptanz von Schwächeren und Stärkeren und die Übernahme von Verantwortung für andere.

In ihrem Alltag finden Kinder heute selten die Gelegenheit, in größeren Gruppen zu spielen, sich Regeln für ihr Spiel zu geben, sich auf eine gemeinsame Spielidee zu einigen und auftretende Konflikte selbstständig zu bearbeiten.

Im Kindergarten können solche Spielsituationen geschaffen werden, denn hier sind täglich ausreichend große Gruppen vorhanden, so dass unterschiedliche Spielrollen übernommen und Bewegungsspiele mit einfachen Regeln durchgeführt werden können. Lauf-, Fang- und Versteckspiele können auch von Kindern selbst organisiert werden – vorausgesetzt, sie hatten die Möglichkeit, die Grundstruktur der Spiele kennen zu lernen. Früher wurden diese einfachen Regelspiele in der Freizeit, beim Spielen draußen auf dem Hof und der Straße von älteren Kindern an die jüngeren weitergegeben. Heute muss die Erzieherin diese Aufgabe

Grundannahmen und pädagogisches Konzept

der Vermittlung übernehmen: Der Kindergarten ist oft der erste Ort, an dem sie Fangspiele mit festen Ritualen (z. B. „Fischer, Fischer wie tief ist das Wasser?"), Versteckspiele mit unterschiedlichem Schwierigkeitsgrad für die Jüngeren und Älteren oder Ballspiele mit Regeln des Zu- und Abwerfens kennen lernen.

In einem Bewegungskindergarten kann diese Aufgabe bewusst übernommen werden, in dem z. B. regelmäßig gruppenübergreifende Spielstunden in der Eingangshalle, im Bewegungsraum oder auf dem Außengelände durchgeführt werden. Sie benötigen kaum Material, keine Vorbereitungen, nur eine ausreichend große, gleichzeitig aber eingrenzbare Spielfläche. In solchen Spielrunden kann man beobachten, dass die Kinder sich oft tagelang das gleiche Spiel wünschen und nicht müde werden, es immer und immer wieder zu spielen. So haben auch schwächere oder jüngere Kinder die Chance, bei den Spielen erst einmal zuzuschauen, das Spiel der anderen zu beobachten und sich dann schrittweise am Spiel zu beteiligen.

2.5 Das Selbstbewusstsein stärken – Grundlagen der Psychomotorik

Die Psychomotorik geht davon aus, dass die Persönlichkeitsentwicklung ein ganzheitlicher Prozess ist: Psychische und physische Bereiche sind so miteinander verschränkt, dass jede Einwirkung auf einen Bereich der Persönlichkeit gleichzeitig auch Auswirkungen auf einen anderen hat. Körper- und Bewegungserfahrungen sind daher immer auch Selbsterfahrungen. Bewegungshandlungen beeinflussen nicht nur die körperlich-motorischen Fähigkeiten von Kindern, gleichzeitig wirken sie sich auch auf ihre Einstellung zum eigenen Körper und auf die Wahrnehmung der eigenen Person aus. Durch die Erfahrungen, die das Kind mit seinem Körper macht, entwickelt es eine Vorstellung von seinem „Selbst".

Leibliche und seelische, gefühlsmäßige und geistige Vorgänge sind bei Kindern besonders eng miteinander verbunden, die Ganzheitlichkeit im Handeln und Erleben ist besonders stark ausgeprägt. Kinder nehmen Sinneseindrücke mit dem ganzen Körper wahr, sie drücken ihre Gefühle in Bewegung aus, sie reagieren auf äußere Spannungen mit körperlichem

Das Selbstbewusstsein stärken – Grundlagen der Psychomotorik

Unwohlsein und ebenso können freudige Bewegungserlebnisse zu einer körperlich wie psychisch empfundenen Gelöstheit führen. Kinder freuen sich bis „in die Füße", sie spüren ihre Traurigkeit „im Bauch", sie lassen Kopf und Schultern hängen, wenn sie niedergeschlagen sind. So können die Bewegungsäußerungen eines Kindes den Zugang zu seiner Innenwelt eröffnen. Das Bewegungsverhalten gibt uns Aufschluss über seine psychische Befindlichkeit, über Prozesse, die es u.U. sprachlich nicht ausdrücken kann oder will, die aber zum Verständnis des Kindes von wesentlicher Bedeutung sind. So kann durch Bewegungsspiele und Bewegungsaufgaben der Kontakt der Erzieherin zum Kind erleichtert und intensiviert werden.

Zusammenfassend kann man sagen, dass der Begriff „Psychomotorik" die funktionelle Einheit psychischer und motorischer Vorgänge, die enge Verknüpfung des Körperlich-motorischen mit dem Geistig-seelischen bezeichnet (vgl. Zimmer/Cicurs 1995).

Kindliche Entwicklung ist also immer auch psychomotorische Entwicklung. Psychomotorische Erfahrungen sind Erfahrungen, die das Kind mit seinem Leib und seiner Seele, seiner ganzen Person macht. Die psychomotorische Förderung hat das Ziel, über Bewegungserlebnisse

Grundannahmen und pädagogisches Konzept

zur Stabilisierung der Persönlichkeit beizutragen – also das Vertrauen in die eigenen Fähigkeiten zu stärken, andererseits soll ein Ausgleich motorischer Schwächen und Störungen ermöglicht werden.

Bekannt wurde die Psychomotorik auch durch spezifische, die Wahrnehmung und das Gleichgewicht ansprechende, Geräte wie z. B. Pedalos, Balancierkreisel und Rollbretter, die zunächst zur Förderung entwicklungs- und bewegungsauffälliger Kinder bestimmt waren, dann aber zunehmend auch in die Sport- und Bewegungserziehung Eingang fanden. Zwar haben diese Materialien die Vielfalt der kindlichen Bewegungserlebnisse erheblich bereichert, viel wichtiger als der Einsatz bestimmter Geräte ist jedoch die Art und Weise, wie Kinder sie entdecken und mit ihnen umgehen können, in welchem Sinnzusammenhang die Bewegungsangebote für sie stehen, wie sie sich selbst im Umgang mit ihnen erleben.

Ziel der psychomotorischen Förderung ist es, die Eigentätigkeit des Kindes zu fördern, es zum selbstständigen Handeln anzuregen, durch Erfahrungen in der Gruppe zu einer Erweiterung seiner Handlungskompetenz und Kommunikationsfähigkeit beizutragen.

Im Vordergrund stehen erlebnisorientierte Bewegungsangebote, die dem Kind die Möglichkeit geben, eine positive Beziehung zu seinem Körper und damit zu sich selbst aufzubauen, wodurch auch die Beziehung zu anderen gefördert wird. Diese Erfahrungen des Selber-wirksam-seins unterstützen die Entwicklung eines positiven Selbstkonzeptes.

2.6 Aufbau eines positiven Selbstkonzeptes

Ob ein Kind Vertrauen in die eigenen Fähigkeiten hat oder ob es diese nur gering einschätzt, ob es aktiv auf andere zugeht oder sich eher abwartend verhält, ob es bei Schwierigkeiten schnell aufgibt oder sich durch sie geradezu herausgefordert fühlt – all das ist abhängig von dem Bild, das das Kind von sich selbst hat. In diesem Selbstbild spiegeln sich die Erfahrungen wieder, die es in der Auseinandersetzung mit seiner sozialen und materialen Umwelt gewonnen hat, ebenso aber auch die Erwartungen, die von der Umwelt an das Kind herangetragen worden sind.

Große Bedeutung haben in diesem Zusammenhang Körper- und Bewegungserfahrungen: Durch Bewegungshandlungen lernen Kinder sich selbst kennen, sie erhalten Rückmeldung über das, was sie können, sie erfahren Erfolg und Misserfolg und erkennen, dass sie ihn selbst bewirkt haben. Sie erleben aber auch, was andere ihnen zutrauen, wie sie von ihrer sozialen Umwelt eingeschätzt werden.

Diese Erfahrungen, Kenntnisse und Informationen münden ein in Einstellungen und Überzeugungen zur eigenen Person, die sich unter den Begriff „Selbstkonzept" fassen lassen (vgl. Zinnecker/Silbereisen 1996, 291). Das Selbstkonzept wirkt sich in großem Maße auf das menschliche Verhalten aus: Das Kind nimmt sich selbst in ganz bestimmter Weise wahr, ordnet sich bestimmte Eigenschaften zu, bewertet die eigene Person. Das heißt, es zeigt ein mehr oder weniger hohes Maß an Selbstwertschätzung oder Selbstachtung und beeinflusst damit auch seine individuelle Handlungsfähigkeit: Wird eine schwierige Situation als unüberwindliches Problem oder als besondere Herausforderung erlebt? Wie werden die eigenen Möglichkeiten, Probleme zu bewältigen und die eigenen Kompetenzen eingeschätzt?

Ein positives Selbstkonzept äußert sich z. B. in der Überzeugung, neuartige und schwierige Anforderungen bewältigen zu können, Probleme zu meistern und die Situation „im Griff" zu haben.

Das Erleben von Selbstwirksamkeit

Zu den wichtigsten Bestandteilen des Selbstkonzeptes gehört die Selbstwirksamkeit. Selbst etwas bewirken zu können, den Erfolg einer Handlung auf die eigene Person zurückführen können, das verschafft ein Gefühl von Kompetenz und Sicherheit. Gerade in Bewegungshandlungen erleben Kinder, dass sie die Ursache bestimmter Effekte sind. Im Umgang mit Dingen, in Spielsituationen und bei Bewegungsaufgaben rufen sie eine Wirkung hervor und führen diese auf sich selbst zurück (z. B. wenn sie einen hohen Turm aus Klötzen bauen, ihn umwerfen, wieder aufbauen etc.). Das Handlungsergebnis verbinden sie mit der eigenen Anstrengung und dem eigenen Können. So entsteht ein erstes Wissen über die eigenen Fähigkeiten. Kinder lernen durch Experimentieren und Ausprobieren: Ich habe etwas geschafft, ich kann es, und diese Erfahrungen bilden die Basis für das Selbstvertrauen.

Wer glaubt, die Ergebnisse seines Tuns nur wenig im Griff zu haben, wird auch nur wenig Stolz auf das Erreichte haben können. Erfolge werden dann weniger der eigenen Anstrengung und den eigenen Fähigkeiten, sondern eher Glück oder Zufall zugeschrieben.

Grundannahmen und pädagogisches Konzept

Selbstwirksamkeitsüberzeugungen können für den Erfolg entscheidender sein als die objektiven Leistungsvoraussetzungen. Wer darauf vertraut, eine Aufgabe selbstständig bewältigen zu können, wird sich eher ein gewisses Schwierigkeitsniveau zutrauen.

Maßnahmen zur Bildung eines positiven Selbstkonzeptes

In einem Bewegungskindergarten wird es viele Situationen geben, in denen Kinder die oben genannten Erfahrungen machen können. Aber nicht allein die Bewegung bewirkt so weit reichende Entwicklungsprozesse, es kommt viel mehr darauf an, wie das Kind sich in den Bewegungssituationen selbst wahrnehmen kann. Folgende Maßnahmen können die Bildung eines positiven Selbstkonzeptes bei Kindern unterstützen:

■ **Stärken erkennen helfen und bewusst machen**
Dem Kind sollten verstärkt Rückmeldung über seine Stärken und besonderen Vorzüge gegeben werden, so dass es Vertrauen in die eigene Kraft und die eigenen Fähigkeiten gewinnt. Bewegungsangebote sollten so gestaltet werden, dass sie möglichst allen Kindern Könnenserfahrungen und Erfolgserlebnisse vermitteln.

■ **Möglichkeiten schaffen, in denen das Kind Selbstwirksamkeit erfahren kann**
Spiel- und Bewegungssituationen können so konzipiert werden, dass das Kind durch seine Handlungen Veränderungen in der materialen Umwelt bewirken kann. Veränderungen sollten für das Kind sichtbar sein, es sollte sie konkret wahrnehmen können.

■ **Eigenaktivität und Selbsttätigsein fördern**
Bewegungsangebote sollten dem Kind das Erlebnis vermitteln, dass es selbst Verursacher seiner Handlungen ist, dass ein gelungenes Spiel oder eine erfolgreiche Übung auf die eigene Anstrengung zurückgeführt werden kann. Lernen sollte weniger als das Ergebnis von Belehrung, sondern als Erfahrungsprozess verstanden werden, der an Eigenaktivität und Selbsttätigsein geknüpft ist.

■ **Vorschnelle Hilfeleistung vermeiden**
Die Erzieherin sollte dem Kind nicht den Eindruck vermitteln, als traue sie ihm nichts zu, sondern ihm vielmehr das Gefühl geben, eine Aufgabe selbst bewältigt und hierzu allenfalls eine minimale Unterstützung erhalten zu haben. Auch unangemessenes Lob kann zu einer niedrigen Einschätzung der eigenen Fähigkeiten führen.

Didaktische Prinzipien der Bewegungserziehung

- **Das Kind unabhängig von seiner Leistung wertschätzen**
  Die Erzieherin sollte Leistungen des Kindes unabhängig von ihrem objektiven Ausmaß als sinnvoll wahrnehmen. Sie sollte dem Kind das Gefühl geben, dass seine Person unabhängig von seiner Leistung akzeptiert wird. Damit gelingt es dem Kind besser, sich selbst zu akzeptieren.
- **Vergleiche mit anderen vermeiden und stattdessen individuelle Bezugsnormen setzen**
  Die Tendenz, die eigenen Leistungen mit denen anderer zu vergleichen, sollte im Kindergarten nicht noch verstärkt werden. Erfolgsmeldungen sollten also weniger über den Vergleich mit anderen gegeben, sondern eher als individueller Leistungsfortschritt interpretiert werden: „Das hast du gestern noch nicht geschafft, heute schaffst du es schon."

2.7 Didaktische Prinzipien der Bewegungserziehung

Die vorangegangenen Überlegungen machen deutlich, dass Bewegung mehr als eine mechanische Handlung ist. Sie ist ein elementares Medium, durch das das Kind wichtige Erkenntnisse über sich selbst und seine materiale und soziale Umwelt gewinnt. Bewegungserziehung versteht sich als ganzheitliche Persönlichkeitsbildung. Sie wirkt sich nicht nur auf die Bewegungsentwicklung, sondern auch auf die psychische, geistige und soziale Entwicklung aus. Um dem Anspruch einer ganzheitlichen Entwicklungsförderung gerecht zu werden, sollten bei der Gestaltung der Bewegungserziehung bestimmte methodische und didaktische Überlegungen berücksichtigt werden. Diese auch als didaktische Prinzipien zu verstehenden Orientierungspunkte werden im Folgenden näher erläutert (vgl. Zimmer 2001, 153 ff.).

1. Kindgemäßheit
Die Bewegungserziehung ist grundsätzlich auf die Interessen, Bedürfnisse und Fähigkeiten von Kindern im vorschulischen Alter abzustimmen. Die Kinder sollen zum Handeln herausgefordert, in ihren Fähigkeiten jedoch nicht überfordert werden. Für die Angebote gilt, dass sie den intensiven Bewegungsbedürfnissen der Kinder entsprechen und überwiegend Spielcharakter haben.

Grundannahmen und pädagogisches Konzept

Um der Neugierde und Entdeckungsfreude der Kinder gerecht zu werden, ist es wichtig, dass die Bewegungsangebote immer wieder etwas Überraschendes, Unerwartetes beinhalten (z. B. ungewohnte Alltagsmaterialien, die in ihrer Verwendung zweckentfremdet werden). Da Kinder andererseits auch das Vertraute und Bekannte lieben, müssen die Inhalte der Bewegungsangebote nicht jedesmal wechseln, sondern können häufiger wiederholt werden. Variationen und Abänderungen werden dann häufig von den Kindern selbst eingebracht.

2. Offenheit
Wenn die Erzieherin Bewegungssituationen plant, d. h. Geräte vorbereitet, anregende Materialien bereitstellt oder auch gezielte Angebote entwirft, sollte sie immer ausreichend Raum für spontane Einfälle der Kinder lassen. Außerdem können bereits Kindergartenkinder an der Gestaltung der Bewegungserziehung beteiligt werden. Die Planung muss auch insofern flexibel bleiben, als dass aktuelle Ereignisse aufgegriffen werden können.

3. Freiwilligkeit
Grundsätzlich sollte die Beteiligung an Bewegungsangeboten den Kindern freigestellt werden. Im Vertrauen auf den Aufforderungscharakter der Geräte und Spielsituationen kann die Erzieherin dem Kind die Entscheidung darüber überlassen, ob und wann und wie es sich in das Spiel einbringt.

Einige – vor allem jüngere – Kinder brauchen zunächst einmal Zeit zum Beobachten und Zuschauen und beteiligen sich dann ganz von selbst. Die Erzieherin kann das Kind zur Teilnahme ermutigen, keinesfalls sollte sie es jedoch überreden oder gar Zwang ausüben. Nur vom Kind freiwillig ausgeführte Aktivitäten tragen zu seiner Selbstständigkeitsentwicklung bei.

4. Orientierung an der Erlebniswelt des Kindes
Bewegungsangebote sollten sich an der unmittelbaren Erlebniswelt des Kindes orientieren. Wenn die Alltagswirklichkeit der Kinder einbezogen wird, können sie dem Spiel eine eigene Bedeutung geben. Die Bewegungssituationen werden oft in komplexe Spielhandlungen eingebunden. Geräte erhalten eine symbolische Bedeutung: Eine Sprossenwand wird z. B. zu einem Kletterbaum im Zoo, in dem es Affenbabys und Affenmütter, gefährliche Raubtiere etc. gibt.

Didaktische Prinzipien der Bewegungserziehung

Solche Darstellungsspiele ermöglichen dem Kind, sich mit Personen, Tieren oder bestimmten Rollen zu identifizieren, belastende Ereignisse nachzuspielen, sie zu bearbeiten und eventuell sogar Handlungsalternativen auszuprobieren.

5. Entscheidungsfreiheit

Sich entscheiden zu können, bedeutet immer auch, über alternative Wahlmöglichkeiten zu verfügen. Dies betrifft sowohl die generelle Teilnahme am Bewegungsangebot als auch die Entscheidung, z. B. bei Bewegungsspielen bestimmte Rollen einnehmen oder eine Gerätekombination einer anderen vorziehen zu können. Kinder brauchen diese Möglichkeiten der Selbstbestimmung. Um diese Fähigkeit zu entwickeln, müssen Kindern Räume gegeben werden, die sie weder überfordern, indem der Entscheidungsspielraum z. B. zu groß ist und sie keine Grenzen erkennen, noch unterfordern, indem ihnen durch Anordnungen oder Anweisungen jede Möglichkeit der Selbstbestimmung abgenommen wird.

6. Selbsttätigkeit

Kinder erfahren häufig, dass die Eltern ihnen alle Schwierigkeiten aus dem Weg räumen, bei jedem Problem sofort eingreifen. Auf diese Weise baut sich bei Kindern leicht eine konsumierende Haltung bis hin zur Passivität auf. Sie verlassen sich darauf, dass andere für sie da sind und ihnen jede Verantwortung und Entscheidung abnehmen.

Handeln aus eigenem Antrieb ist für Kinder jedoch die Voraussetzung für die Entwicklung des „Ich". Aus diesem Grund sollten sie darin unterstützt werden, selbst die Initiative zu ergreifen und für ihr Handeln auch Verantwortung zu übernehmen.

Bewegungsangebote fordern zum selbsttätigen Handeln heraus. Die Geräte haben Aufforderungscharakter. Der Erfolg oder Misserfolg ihrer Handlungen kann von den Kindern unmittelbar auf die eigene Person zurückgeführt werden. Impulse durch die Erzieherin sollen zu einer Erweiterung der kindlichen Handlungsmöglichkeiten führen; sie können den Blick der Kinder für Alternativen in der Benutzung der Geräte öffnen, neue Ideen anregen oder das Zusammenspiel der Kinder unterstützen.

Diese didaktischen Prinzipien geben sowohl Hinweise für das Verhalten der Erzieherin als auch für die inhaltliche Gestaltung der Bewegungssituationen. Sie sind nicht notwendig an ein Medium – wie z. B. die Bewegung – gebunden, sondern können ohne weiteres als allgemeine

Grundannahmen und pädagogisches Konzept

Prinzipien des pädagogischen Handelns im Kindergarten verstanden werden.

2.8 Qualitätskriterien – Was zeichnet einen guten Bewegungskindergarten aus?

Die Frage nach der Qualität der pädagogischen Arbeit in einem Kindergarten beschäftigt nicht nur die Eltern, die auf der Suche nach einem Kindergartenplatz für ihr Kind sind. Auch die Trägervertreter und die Erzieherinnen selbst setzen sich mit der Frage auseinander, was denn einen wirklich guten Kindergarten auszeichnet und ob diese Kriterien auch für ihren Bewegungskindergarten gelten.

Dabei stehen folgende Fragen im Vordergrund:

■ Welche Bedingungen sind wichtig, um die Entwicklung von Kindern zu unterstützen und werden sie in der Einrichtung erfüllt?

■ Sind die Rahmenbedingungen so, dass sich das Kind wohlfühlt?

■ Gibt der Kindergarten Impulse für die Erweiterung der Erfahrungsmöglichkeiten und der Bewegungsentwicklung?

■ Werden Explorationsräume bereitgestellt, die im familiären Umfeld des Kindes nicht vorhanden sind?

■ Wird die Förderung der sozialen Kompetenz ermöglicht, die selbstständige Bewältigung von Lebenssituationen herausgefordert?

■ Wird über die Verbesserung der Bewegungsmöglichkeiten im Kindergarten eine nachhaltige Entwicklungsförderung der Kinder erreicht (oder kann sie erwartet werden)?

Auch die Berufszufriedenheit der Erzieherinnen spielt eine Rolle: Gibt es trotz des gemeinsamen Profils ausreichend Gestaltungsräume für den eigenen Stil? Ist sich das Team einig in der Akzentuierung der pädagogischen Arbeit?

Und nicht zuletzt muss die Sicht der Kinder berücksichtigt werden, auch wenn diese ihr Interesse und ihre Beurteilung nur eingeschränkt artikulieren können. Ob sie sich wohl fühlen, wird auch an ihrer Bereitschaft, gerne in den Kindergarten zu gehen, abzulesen sein. Im Kindergarten verbringen sie einen großen Teil ihres Tages, manchmal sogar mehr Stunden als im Elternhaus, deswegen spielt das „Wohlfühlen" in der Einrichtung eine sehr wichtige Rolle.

Qualitätskriterien

Der Kindergarten gilt als Lebensraum und als Ort vielfältiger Anregungen. Von einer qualitativ guten Tageseinrichtung für Kinder kann dann gesprochen werden,

- wenn in ihr die körperliche, motorische wie auch kognitive, emotionale und soziale Entwicklung der Kinder gleichermaßen gefördert wird.
- wenn die Erziehungsaufgaben der Familien unterstützt und die Selbstständigkeitsentwicklung der Kinder gefördert werden.
- wenn die kindliche Entwicklung durch situative oder gezielte Anregungen unterstützt wird.
- wenn sich das Kind in dieser Einrichtung wohl fühlt, wenn es sich auf jeden Kindergartentag freut und in der Gruppe freundschaftliche Beziehungen knüpfen konnte.
- wenn die Gruppengrößen und die personelle Ausstattung eine gute emotionale Beziehung des Kindes zu anderen Kindern und den Erzieherinnen zulassen.
- wenn ausreichende Aktivitätsbereiche vorhanden sind: Räume für Ruhe und Bewegung.
- wenn auch die Erzieherinnen sich in der Einrichtung wohlfühlen und sich mit dem pädagogischen Konzept identifizieren können.
- wenn schließlich die Interessen der Eltern berücksichtigt werden und die Zusammenarbeit mit ihnen zu einer Atmosphäre des gegenseitigen Vertrauens führt.

3 Was zu einem Bewegungskindergarten gehört

Was zeichnet einen Bewegungskindergarten aus? Wie wird in ihm gearbeitet? In diesem Kapitel werden die Besonderheiten eines Bewegungskindergartens aufgezeigt. Dazu gehören Fragen zur Qualifikation der Erzieherinnen und zur räumlichen und materialen Ausstattung. Eine wichtige Rolle spielt aber auch die Frage, wie sich das Alltagsleben im Kindergarten durch die bewegungsbezogene Gestaltung verändert. Ein wichtiges Thema ist auch die Mitarbeit der Eltern, denn das Bewusstsein über die Bedeutung von Bewegung für die Entwicklung von Kindern hört nicht an der Kindergartentüre auf, es sollte auch Konsequenzen für das alltägliche Umfeld zu Hause und das Familienleben haben. Und schließlich werden in diesem Kapitel Fragen zur Trägerschaft geklärt.

3.1 Die Qualifikation der Erzieherinnen und der pädagogischen Fachkräfte

Die Qualifikation der Erzieherinnen stellt die wichtigste Voraussetzung für die Umsetzung des Konzeptes Bewegungskindergarten dar.

Zwar ist jede Erzieherin durch ihre Ausbildung auch für Bewegungserziehung qualifiziert. In einem Bewegungskindergarten haben die meisten Erzieherinnen jedoch an zusätzlichen Fortbildungsmaßnahmen zur Psychomotorik, Rhythmik oder zur frühkindlichen Bewegungserziehung teilgenommen. Die Weiterbildung spielt hier eine entscheidende Rolle. Oft erkennen Erzieherinnen erst in ihrer berufspraktischen Tätigkeit, welche Schwerpunkte sie selber setzen möchten oder wo sie ihre Stärken haben. Dementsprechend werden sie sich weiterbilden.

Fortbildungen sind z. B. in folgenden Bereichen möglich:
- Übungsleiterausbildung im Kinderturnen
- Fortbildung in Rhythmik/Tanz

Räumliche Voraussetzungen

- Erwerb von Zusatzqualifikationen und Fortbildungen im Bereich Psychomotorik/Motopädagogik
- Entspannungsverfahren

Eine zusätzliche Qualifikation ist vor allem dann notwendig, wenn durch die Integration behinderter Kinder besondere Fördermaßnahmen notwendig sind. Ein Beispiel ist hierfür der Bereich der Psychomotorik, der meist in der Ausbildung der Erzieherinnen (insbesondere der älteren) kaum unterrichtet wurde.

Die Trägerverbände der Kindergärten, aber auch freie Fortbildungseinrichtungen, bieten auf Grund der großen Nachfrage zunehmend Fortbildungen, zum Teil sogar Zusatzqualifikationen, auf dem Gebiet der Psychomotorik an (Informationen und Adressen im letzten Kapitel).

Unter dem Aspekt der Qualifikation sollte allerdings auch Folgendes bedacht werden: Kinder brauchen Erzieherinnen, die nicht nur eine hohe Fachkompetenz besitzen, sondern auch authentische Vorbilder sind. Eine Erzieherin in einem Bewegungskindergarten sollte also selbst Freude am Sichbewegen haben. Es sollte ihr keine Last sein, sich mit den Kindern auf ein Fangspiel einzulassen und im Bewegungsraum sollte sie nicht nur die distanzierte Beobachterin spielen, deren Aufgabe sich in der Aufsichtspflicht erschöpft. Sie muss natürlich keine Leistungssportlerin sein, wohl sollte sie aber selbst eine gute Beziehung zu ihrem Körper haben und über Bewegung einen guten Zugang zu den Kindern finden.

3.2 Räumliche Voraussetzungen

Kinder brauchen Räume, die ihrem Bewegungsdrang entgegenkommen, die sie nicht einengen, sondern ausreichend Platz und Gelegenheit für großräumige Aktivitäten und Bewegungsspiele bieten.

Auf jeden Fall sollte ein Bewegungskindergarten über einen größeren Raum verfügen, der Bewegungsangeboten vorbehalten und mit kindgerechten Geräten ausgestattet ist. Um ihn möglichst variabel zu gestalten, haben sich Deckenschienen, Haken und Trägerleisten an den Wänden und an der Decke als brauchbar erwiesen. An ihnen können Seile zum Klettern, Ringe zum Schaukeln und Schwingen oder ein Trapez befestigt werden. Diese Geräte lassen sich bei Bedarf auch wieder entfernen, so dass der Raum vielfältig genutzt werden kann.

Was zu einem Bewegungskindergarten gehört

Unverzichtbar ist ein ausreichend großer Geräteraum, in dem ein Teil der Großgeräte (Matten, Kästen, Balanciergeräte etc.), in jedem Fall aber die Kleingeräte (Bälle, Seile, Rollbretter etc.) untergebracht werden können. Diese sollten nicht jederzeit frei zugänglich sein, da zu viel Material Kinder in ihrer Fähigkeit zur Strukturierung einer Spielsituation überfordert. Bewusst ausgewählt und miteinander kombiniert wird der Anreiz zum Spielen dagegen erhöht.

In einem Bewegungskindergarten sind die Orte, an denen Bewegung stattfinden kann, aber nicht auf den speziellen Bewegungsraum oder die Turnhalle beschränkt. Es gibt viele „Orte" für Bewegung:

- eine Treppe zum Springen
- ein Flur zum Schlittern oder Pedalofahren
- eine Garderobennische als Entspannungsinsel
- bespielbare oder bekletterbare Wände
- „Tobe-Ecken" in ungenutzten Ecken, die mit Matratzen ausgelegt sind.

Bereits im Eingangsbereich sollte erkennbar sein, wie bewegungsfreudig der Kindergarten ist. Mit einladenden Gelegenheiten für Bewegung können die Kinder am Morgen empfangen werden. Auch für Besucher sollte sichtbar sein, dass Bewegung in dieser Einrichtung einen hohen Stellenwert hat. So kann z. B. auf Informationstafeln über bevorstehende Aktivitäten informiert werden (z. B. „Wir bauen mit Pappkartons und brauchen noch Material …") oder durch Fotos auf die vielfältigen Bewegungsaktivitäten im Kindergarten hingewiesen werden.

Außenspielräume

Einen wichtigen Bewegungsraum stellt das Außenspielgelände des Kindergartens dar. Bei einer entsprechenden Modellierung und Bepflanzung des Geländes ergeben sich vielseitige Orte zum Rennen, Rollen, Rutschen, Klettern, Springen und Toben. Erdhügel mit Rutschbahn und Kriechtunnel, Aufschüttungen, Mulden und Gräben machen den Spielplatz zu einer Bewegungslandschaft, die viele Herausforderungen enthält und dazu auffordert, sich mit allen Sinnen zu betätigen.

Unersetzlich sind Bäume, die den Kletterkünsten der Kinder standhalten und an denen auch Schaukeln zum Träumen und Genießen angebracht werden können. Wo ein solcher Baumbestand (noch) nicht vorhanden ist, müssen der Natur nachempfundene Kletter- und Schaukelgeräte diesem elementaren Bewegungsbedürfnis entgegenkommen.

Geräte- und Materialausstattung

Holz und Steine, Wasser und Sand, Erde und Blätter – diese natürlichen Werkstoffe können ergänzt werden durch mobile Spielmaterialien, die von den Kindern wie selbstverständlich in die Natur integriert werden. Rohre, Bretter, Reifen und Kisten ermöglichen es, die natürliche Bewegungslandschaft jeden Tag aufs Neue zu verwandeln und ihr ein eigenes Gesicht zu geben.

Ein kindgerechtes Außenspielgelände ist niemals fertig. Es lässt Kindern (und auch Erwachsenen) Raum zur fortlaufenden Gestaltung und Veränderung. „In jedem Garten liegt ein Paradies" (Lange/Stadelmann 1998) – ein Bewegungsparadies.

3.3 Geräte- und Materialausstattung

Geräte und Materialien regen zur Bewegung an, fordern zum Spielen heraus, wecken die Fantasie und setzen gleichzeitig Anpassungsprozesse in Gang. Die Kinder entdecken spezifische Geräteeigenschaften und Kombinationsmöglichkeiten. Geräte sind Anlässe für Bewegungsspiele, Baustoffe für Spielarrangements.

Kinder brauchen Materialien und Geräte, die ein selbständiges kreatives Experimentieren zulassen, die alle Sinne ansprechen und sie in ihren psychomotorischen Fähigkeiten fördern.

Ein Bewegungskindergarten sollte über folgende Geräteausstattung verfügen:

- Großgeräte (Kästen, Matten, Bänke, Kombinationsgeräte zum Klettern und Balancieren), die auch miteinander kombiniert und in Gerätelandschaften eingebunden werden können
- Kleingeräte (Reifen, Bälle in verschiedenen Größen und aus unterschiedlichem Material, Seile, Stäbe, Tücher, Sandsäckchen, Schaumstoffelemente etc.)
- psychomotorische Geräte (Rollbretter, Pedalos, Wackelbretter, Halbkreisel, farbige Teppichfliesen, Schwungtuch), die besondere Herausforderungen an das Gleichgewicht und die Koordination stellen, sich aber auch gut für Symbolspiele eignen
- Alltagsmaterialien (Zeitungen, Wolldecken, Kartons, Bierdeckel, Joghurtbecher, Bettlaken etc.), die ihrem ursprünglichen Zweck entfremdet die Fantasie der Kinder besonders anregen.

49

Was zu einem Bewegungskindergarten gehört

- Roll- und Fahrgeräte (Rollschuhe, Roller, Dreiräder, Laufräder und Fahrräder, Kettcars und Rutschautos), die vor allem das Außenspielgelände beleben, das Bewegungsrepertoire der Kinder erweitern und die spielerische Einführung in eine kindgemäße Verkehrserziehung ermöglichen

- Bauelemente, die aus ausrangierten Gebrauchsmaterialien bestehen und drinnen wie draußen zum selbstständigen Bauen und Sich-bewegen genutzt werden können (Autoreifen und Autoschläuche, Bretter, stabile Getränkekisten, Dränagerohre etc.). Sie erhalten eine der jeweiligen Spielsituation angepasste Bedeutung und sind in ihren Verwendungsmöglichkeiten unerschöpflich.

Geräte und Materialien geben Anregungen und fordern zur Aktivität heraus. Sie können aber auch die Fantasie erdrücken und die Kinder überfordern, wenn alle Geräte gleichzeitig zugänglich sind.

Es ist weniger die Masse des Materials und der Geräte, die für eine kindgerechte Bewegungserziehung bürgt, sondern die Art und Weise, wie Kinder im Spiel damit umgehen lernen. Im Vordergrund sollte das eigene Entdecken und Erproben der Geräte stehen. So können sie neben dem Erwerb und der Verbesserung motorischer Fähigkeiten und Fertigkeiten sich bereits erworbener Kompetenzen versichern, Fantasie entwickeln und darüber hinaus auch Erfahrungen über die physikalischen Eigenschaften der Geräte sammeln.

3.4 Situative Bewegungsgelegenheiten

Im Kindergartenalltag gibt es viele Situationen und Anlässe, die Kinder für Bewegungsspiele nutzen. Hier sei das Beispiel „Kartonbaustelle" vorgestellt:

Kartons in unterschiedlichen Größen waren als Verpackungshüllen übrig geblieben. Eigentlich sollten sie auf die nächste Papierabfuhr warten, aber die Kinder hatten sie schnell als Spielgegenstände entdeckt. Sie bauten daraus Häuser und Türme, setzten sich hinein, versuchten mit ihnen über den Boden zu kriechen. Die Erzieherinnen halfen bei diesen etwas schwierigen Versuchen; schnitten den Boden einiger Kartons heraus, so dass eine Kartonstraße zum Springen und sogar lange Tunnels zum Hindurchkriechen gebaut werden konnten.

Situative Bewegungsgelegenheiten

Situative Bewegungsgelegenheiten entstehen, ohne dass sie geplant sind, aber sie bedürfen einer bewegungsfreundlichen Atmosphäre, damit sie sich überhaupt entfalten können. Das Bewegungsspiel darf nicht als Störung empfunden werden, es braucht Raum und hin und wieder – wie obiges Beispiel deutlich macht – auch die Aufmerksamkeit und Anerkennung durch die Erzieherin. Auch Kinder, die ruhigere Beschäftigungen vorziehen, müssen zu ihrem Recht kommen. Eine solche Forderung ist nur einzulösen durch eine differenzierte Raumgestaltung, die den unterschiedlichen Bedürfnissen der Kinder gerecht wird. In einem Kindergarten, bei dem die Gruppen offen arbeiten und jedes Kind sich individuell entscheiden kann, wo und was es spielt, wird dies eher möglich sein als in einer Einrichtung, in der sich der gesamte Kindergartentag einer Gruppe in einem Raum abspielt.

Wenn es mit der Aufsichtspflicht zu vereinbaren ist, sollte der Bewegungsraum auch zu allen angebotsfreien Zeiten für freigewählte Bewegungsspiele zur Verfügung stehen.

Bewegungsanlässe auf dem Außenspielgelände

Situative Bewegungsgelegenheiten bietet natürlich insbesondere das Außenspielgelände: Rennen, Toben, Bauen, Klettern, Steigen, Springen, Matschen – was auch in einem Bewegungskindergarten drinnen schnell auf

Was zu einem Bewegungskindergarten gehört

Grenzen stößt, ist draußen möglich. Draußen darf man laut sein, sich schmutzig machen, auf Bäume klettern und auf Mauern balancieren. So oft wie möglich sollten Kinder nach draußen dürfen – auch bei schlechtem Wetter, denn dann sind ihre Bewegungsbedürfnisse manchmal besonders groß.

Aus dem freien Spiel ergeben sich oft auch Regelspiele in der Gruppe wie zum Beispiel das „Spatenhockey": In einem Kindergarten waren für das Spielen im Sand große Spaten und Schaufeln vorhanden. Zwei Jungen setzten sie jedoch nicht im Sandkasten sondern auf der Wiese für ein Bewegungsspiel ein. Sie trieben einen Ball mit den Spaten vor sich her, spielten ihn sich gegenseitig zu, so dass eine Art Rasenhockey entstand. Weitere Kinder (in der Mehrzahl Jungen) kamen hinzu und brachten weitere Spaten mit. Ein Spielfeld wurde abgegrenzt, aus einer Plastikkiste ein Tor aufgestellt. Schnell war ein richtiges Hockeyspiel arrangiert, das

Situative Bewegungsgelegenheiten

auch in den folgenden Tagen das Spielen der Kinder auf dem Außengelände begleitete.

Auf Rollen und Rädern

Neben den Herausforderungen durch die modellierte Landschaft, Hänge, Bäume, Gräben und Tunnel und die fest installierten Spielgeräte, spielen auf dem Außenspielgelände vor allem die Roll- und Fahrgeräte eine wichtige Rolle. Hier kann gefahrlos mit Roller, Rollschuhen und Fahrrädern umgegangen werden, deshalb ist der „Fuhrpark" für Kinder besonders attraktiv. Ein „Fuhrpark" im Kindergarten fordert und fördert aber auch elementare motorische und sensorische Fähigkeiten. Um für jede Alters- und Könnensstufe ausgerüstet zu sein, sollte er möglichst vielseitig sein.

Roller, Dreiräder, Kinderfahrräder, Rutschautos und Kindertrecker ermöglichen das Erleben von Geschwindigkeit und Fliehkraft. Sie bedürfen aber auch der Steuerung, Bremsung und Lenkung und machen mit wichtigen Eigenschaften der Geräte vertraut. Dreiräder und Fahrräder werden – wenn ein entsprechender Aufruf in der örtlichen Presse oder ein Aushang im Kindergarten erfolgt – oft von den Eltern zur Verfügung gestellt, deren Kinder auf größere Fahrräder umgestiegen sind.

Die meisten Roll- und Fahrgeräte brauchen allerdings große Bewegungsflächen. Befestigte, ebene Flächen sind für diese Zwecke gut geeig-

Was zu einem Bewegungskindergarten gehört

net. Vielleicht kann der Kindergartenparkplatz zeitweise für Autos gesperrt oder ein angrenzender Schulhof genutzt werden. Rutschauto und Kindertrecker bieten noch die Sicherheit des Fahrens auf vier Rädern, sie werden vor allem von den jüngeren Kindern und in Rollenspielen gerne genutzt.

Wieder entdeckt wurde in den letzten Jahren der zeitweise ganz aus der Mode gekommene Roller (mit großen Gummireifen). Er gehört zu den besten Trainingsgeräten für die Gleichgewichtsfähigkeit und ist als Spiel- und Fahrgerät bereits ab dem dritten Lebensjahr sehr vielseitig (und lange) zu gebrauchen. Das Auf- und Absteigen auf den Roller erfordert Koordination, Geschicklichkeit und Reaktionsvermögen. Allerdings können Kinder dabei ganz behutsam und ihren Fähigkeiten entsprechend die Beherrschung des Rollerfahrens erlernen: Ein Fuß steht auf der Trittfläche, mit dem anderen tritt man langsam an, so dass die Geschwindigkeit der Fortbewegung selbst gesteuert und gesteigert werden kann. Bis es dann zum Anlaufen, Aufspringen und zum Fahren mit beiden Füßen auf dem Roller reicht, dauert es noch eine Weile, aber dafür gibt es ja tägliche „Trainingszeiten". Hindernisse umfahren und selbst auf holprigem Untergrund das Gleichgewicht halten – das alles erhöht die Anforderungen an die Gleichgewichts- und Koordinationsfähigkeit, und auch ältere Kinder erfinden immer noch neue Rollerkunststücke.

Rollerfahren stellt die ideale Vorbereitung auf das Fahrradfahren dar. Es erfordert ähnliche Gleichgewichtsreaktionen beim Fahren und Lenken, man kann aber immer noch schnell abspringen oder bei Unsicherheit das freie Bein zum Abstützen benutzen.

Ebenfalls eine gute Vorbereitung auf das Fahrradfahren ist das „Laufrad": Bei einem (älteren, gebrauchten) kleinen Fahrrad werden die Pedale abgeschraubt, so dass die Kinder sich rechts und links mit den Füßen abstützen und auch abstoßen können. Das Fahrradfahren erfordert bei Kindern bereits ein hohes Maß an Koordinationsvermögen, an Gleichgewichts- und Orientierungsfähigkeit. Wenn das Kindergartenfreigelände ausreichend groß ist, kann den Kindern hier eine begrenzte Anzahl von Rädern zur Verfügung gestellt werden. Sie lernen voneinander durch Beobachtung und helfen sich vielleicht auch gegenseitig, indem sie das Rad am Sattel festhalten, um das Aufsteigen zu erleichtern.

Auch wenn derzeit die Rollerskates den Rollschuhen den Rang ablaufen, sollten im Kindergartenalter die sicherere Variante der nebeneinander liegenden Rollen genutzt werden. Zu Beginn kann man z. B. erst einmal

Situative Bewegungsgelegenheiten

mit einem Rollschuh „rollern" (mit dem rollschuhlosen Bein antreten oder die Balance sichern). Hilfreich ist es auch, sich an feststehenden Gegenständen (Geländer, Hauswand) oder an einem Partner festzuhalten.

Die Sportkindergärten bieten oft regelmäßige Rollschuhstunden an, bei denen die Kinder spielerisch an das Rollschuhlaufen herangeführt werden und dann erstaunliche Fertigkeiten entwickeln.

Bei Rollern und Fahrrädern sind die Helme verpflichtend (Fahrradunfälle sind zu ca. 80 % mit Kopfverletzungen verbunden). Wenn ausreichend Helme im Kindergarten zur Verfügung stehen, werden es auch Trecker- und Dreiradfahrer als Ehre ansehen, vor der Fahrt einen Helm anzulegen. Schließlich haben die „echten" Moped- und Motorradfahrer auf der Straße auch einen Helm und selbst „Schumi" steigt nicht ohne Sturzhelm in sein Rennauto!

So können bereits im Kindergartenalter Gewohnheiten aufgebaut werden, die später zur Verbesserung der passiven Sicherheit im Straßenverkehr beitragen.

Die Werkstatt

Während im Bewegungsraum in erster Linie grobmotorische Aktivitäten gefördert werden, schafft eine Werkstatt eher Gelegenheiten für feinmotorische Übungsprozesse. Eine „echte" Werkstatt ist bei den Kindern

Was zu einem Bewegungskindergarten gehört

besonders beliebt. Die Verfügbarkeit von Geräten, Handwerkszeug und Baumaterial ermöglicht das Gefühl, etwas Sinnvolles zu tun, die eigene Handgeschicklichkeit in ernsthaften Situationen zu erproben.

Ist dies Arbeit oder Spiel? Für Kinder bedeutet der Besuch der Werkstatt ernsthafte Arbeit. Sie hämmern und sägen, der Schlag mit dem Hammer auf den Nagel, das Einpressen des Brettes in den Schraubstock wird mit viel Konzentration und Geschick vollzogen. Ein Misslingen würde spürbare Folgen haben – also lohnt sich die Aufmerksamkeit. Behutsame Bewegungen sind notwendig, wenn das Kind mit Werkzeug umgeht, feinmotorische Übungsprozesse werden spielerisch vollzogen.

3.5 Geplante Bewegungsangebote

Neben den situativ entstehenden Bewegungsgelegenheiten sollte es auch regelmäßige, zeitlich geplante Bewegungsangebote geben, in denen ganz bestimmte inhaltliche Schwerpunkte im Vordergrund stehen. Sie sind nicht durch die situativen Bewegungsanlässe zu ersetzen, da hier in einem größeren Zeitrahmen mit den Kindern auch komplexere Themen bearbeitet werden können. Das Spiel- und Bewegungsrepertoire kann durch Impulse der Erzieherin, durch vorbereitetes Material oder bewusst gestaltete Gerätearrangements erweitert werden.

Üblicherweise werden die geplanten, regelmäßigen Bewegungszeiten als „Turnstunde" oder als „Bewegungsstunde" bezeichnet. Sie dauern in der Regel ca. 30–40 Minuten und sind häufig mit bestimmten Ritualen verbunden, zu denen zum Beispiel ein Raum- und Kleidungswechsel gehört. Kinder lieben diese Rituale meist sehr.

Auch diese Form der Bewegungserziehung sollte dem Prinzip der Offenheit folgend gestaltet werden, damit trotz der Vorplanung und Betreuung durch die Erzieherin innerhalb der Bewegungsstunden genügend Spielraum für situative Bedürfnisse der Kinder, für ihre spontanen Einfälle und individuellen Wünsche bleibt.

Bewegungsstunden laufen nicht nach einem starren Schema ab. Sinnvoll ist der Wechsel zwischen Phasen des freien Spiels, in denen die Kinder sich selbständig mit Geräten oder Materialien beschäftigen und Phasen, in denen die Impulse stärker von der Erzieherin ausgehen. Sie dienen der Erweiterung des Bewegungsrepertoires der Kinder, regen zu

Geplante Bewegungsangebote

Problemlösungen an und stellen die Kinder vor Herausforderungen. Eine Bewegungsstunde kann z. B. folgendermaßen strukturiert sein:

Da es zu Beginn im Bewegungsraum eher laut und lebhaft zugeht, ist es sinnvoll, mit den Kindern zunächst ein bewegungsintensives Spiel durchzuführen oder ein Gerät anzubieten, das ihre Aufmerksamkeit fesselt. Nach dieser Phase, deren Dauer vom Interesse der Kinder bestimmt wird, schließt sich ein Thema an, das von der Gruppe gewünscht oder von der Erzieherin vorbereitet worden ist.

Den Abschluss der Bewegungsstunde kann eine kurze Entspannungseinheit, ein gemeinsamer Tanz oder ein von den Kindern gewünschtes Spiel mit einfachen Regeln bilden.

Bewegungslandschaften

Bei Bewegungslandschaften handelt es sich um Gerätearrangements, die im Bewegungsraum oder in einer Turnhalle aufgebaut sind und unterschiedliche Themen und Spielschwerpunkte haben können. So gibt es z. B.
- eine Berg- und Tallandschaft
- einen Klettergarten

Was zu einem Bewegungskindergarten gehört

- eine Flussüberquerung
- einen Urwald oder einen Dschungel.

Typisch für solche Bewegungslandschaften ist, dass Kinder sie mit einer bestimmten Spielidee verbinden und dass sie sogar Rollenspiele ermöglichen: Z. B. spielen die Kinder Affen im Urwald, die Höhlen bauen, an Tauen schwingen, die klettern und über Gräben springen. Ähnlich wie in der Natur können sie hier großräumige Bewegungserfahrungen machen. Der Zusammenhang von Erleben und Bewegen wird hier besonders deutlich.

Bewegungslandschaften laden ein zum Erproben und Üben der Grundbewegungsformen:

- Schaukeln und Schwingen
- Klettern, Hängen und Hangeln
- Steigen, Springen und Balancieren
- Fliegen und Schweben
- Gleiten und Fahren
- zum Erleben von Beschleunigung und Geschwindigkeit
- zum Erleben von Bremskräften, Schwerkraft, Balance.

Eine Bewegungslandschaft wird meist mit Großgeräten (Kästen, Matten, evtl. auch Barren oder Turnbänken) gestaltet, die ihrer üblichen Nutzung enthoben werden.

Die Gerätearrangements können mit den Kindern gemeinsam aufgebaut werden, wobei es sinnvoll ist, sie für eine längere Zeit stehen und von verschiedenen Gruppen nutzen zu lassen, damit der relativ hohe Arbeitsaufwand sich lohnt. Der Vorteil beim gemeinsamen Aufbau ist, dass Kinder an der Entstehung beteiligt sind, dass sie eigene Ideen einbringen. Sie erleben, dass sie mit ihren Kräften selbst etwas bewirkt haben und für die Produkte selbst verantwortlich sind. Beim Aufbau ist kooperatives Handeln erforderlich, manche Geräte – wie z. B. große Kästen, Bänke, Matten – lassen sich nur gemeinsam transportieren.

Um die selbstständige Bewältigung der Bewegungslandschaften und Geräteparcours zu ermöglichen, sollten keine für Kinder nicht selbst erkennbare Gefahren enthalten sein.

Bewegungslandschaften eignen sich gut für Bewegungsangebote, bei denen Kinder mit unterschiedlichen Leistungsniveaus teilnehmen. Hier können alle gleichzeitig aktiv sein, jeder wählt sich das Anspruchsniveau selbst aus. Meist ist dabei die Bewegungsintensität sehr hoch, immer wie-

Geplante Bewegungsangebote

der können die Kinder gerade Erlerntes wiederholen, noch einmal versuchen, was ihnen noch nicht gelingt, ohne dass sie dazu aufgefordert oder gedrängelt werden. Kein Anstehen ist notwendig, es gibt keine Wartezeiten vor den Geräten. Der Idee der Bewegungslandschaft widerspricht es nämlich, dass Kinder sich in einer Reihe vor dem gleichen Gerät platzieren und warten, bis sie an der Reihe sind. Vielmehr sollten die Kinder sich selbstständig für eine Station entscheiden und bei Bedarf auch zunächst einmal zum Beobachten verweilen können.

Bei Bewegungslandschaften ist die Erzieherin nicht überflüssig, sie ist aber auch nicht nur Aufpasserin, Helferin oder Sicherheitsgarantin. Betreuung heißt vielmehr, die Kinder zu begleiten, die Aufmerksamkeit zu lenken, verbal zu kommentieren („Das ist ganz schön hoch", „Da muss man sich klein machen" etc.) und das Geleistete bewusst zu machen. Die Erzieherin beobachtet, vermittelt, macht Mut und gibt Rat, schränkt ein, setzt Grenzen, wo sie es für erforderlich hält und unterstützt, wenn Kinder ihre Hilfe brauchen.

Bewegungsbaustelle

Eng verwandt mit der Bewegungslandschaft ist die Idee der Bewegungsbaustelle. Sie ist der Prototyp eines offenen Bewegungsangebotes:

Bretter, Kisten, Autoreifen, Rohre, Holzklötze und Stücke von Abflussrohren – alles was auf einer richtigen Baustelle an Materialresten und -teilen abfällt, wird für das Spielen benutzt. Und auch hier wird gebaut: Aus einem Brett, das über einem stabilen Plastikrohr liegt, wird eine Wippe, die Kisten ergeben aneinander gereiht oder aufeinander gestapelt Treppen und Brücken. Die Kinder bauen sich ihre Bewegungsanlässe selbst, sie schaffen ihre eigene, in ihrer Bedeutung ständig wechselnde Bewegungswelt. Die Bauteile sind einfach, mobil und von den Kindern selbstständig zu handhaben. Hier steht das selbstständige Handeln, das Lernen durch Versuch und Irrtum, das Bauen und Konstruieren und das Schaffen immer neuer Bewegungsgelegenheiten im Vordergrund.

Das Experimentieren mit Schwerkraft, Gewicht, materialen Eigenschaften, mit Belastbarkeit und Hebelwirkungen eröffnet erste Einsichten in physikalische Gesetzmäßigkeiten. Heben, Tragen, Transportieren, Stapeln, Balancieren, Klettern, Rollen, Steigen und Springen – diese und andere Grundformen der Bewegung sind im selbsttätigen Umgang mit den Geräten möglich. Sie erlauben aber auch unterschiedliche Deutungen: Heute ist das selbstgebaute Arrangement aus Kisten, Brettern und Auto-

59

Was zu einem Bewegungskindergarten gehört

reifen ein Aussichtsturm, morgen ein Raumschiff. Die Kombination der Materialien erlaubt eine ständige Umdeutung. Kinder geben ihrer Spielsituation einen individuellen Sinn.

Selbst Ursache sein – diese Erfahrung macht das Kind beim Bauen und Konstruieren. Hält die Brücke – ein Brett, das über zwei etwas wackligen Hockern aufliegt? Ihre Stabilität wird erprobt, verbessert, neue Brücken kommen hinzu.

Bei solchen selbstgestellten Aufgaben werden keine fertigen Lösungen übernommen, sondern eigene Wege gesucht. Dabei müssen auch Irrwege in Kauf genommen werden. Fehler gibt es nicht, sondern nur Umwege auf dem Weg zur Lösung.

3.6 Feste feiern mit Bewegung

In einem Bewegungskindergarten ist jeder Tag ein Bewegungstag. Es gibt aber auch Tage, bei denen der Akzent auf nicht-alltägliche Aktivitäten gerichtet wird.

Spieltage – für Eltern und Kinder

Zwar haben die Kinder in einem Bewegungskindergarten nicht automatisch sportliche Eltern, meist aber sind sie dem Sport und der Bewegung gegenüber aufgeschlossen und gerne bereit, sich an gemeinsamen Bewegungsaktionen zu beteiligen. Ein Spielnachmittag bietet Gelegenheit, miteinander zu spielen und voneinander zu lernen. Besonders spannend ist ein solcher Spielnachmittag, wenn er unter einem bestimmten Thema steht, z. B. „Alte Spiele – neue Spiele"

Die Eltern sammeln Spiele, die sie noch aus ihrer eigenen Kindheit in Erinnerung haben, stellen sie ihren Kindern vor und probieren sie gemeinsam mit ihnen aus: Reifen treiben, Kreiselschlagen, der Plumpsack geht um, Bäumchen-wechsel-dich, Blindekuh, Ballprobe, Stelzengehen, Murmelspiele. Großen Anklang findet meist auch das Seilspringen, früher eines der selbstverständlichsten Spiele der Kinder auf der Straße, auf dem Schulhof oder auf Hinterhöfen. Am großen Schwungseil können mehrere Kinder und Erwachsene gemeinsam zu springen versuchen. Schließlich werden aber auch ein paar neue Spiele vorgestellt, die auch zu Hause in der Wohnung oder in Hof oder Garten gespielt werden können.

60

Feste feiern mit Bewegung

Zirkustage

Ein Clown, der eine viel zu große Jacke anhat und tollpatschig über seine eigenen Füße stolpert, oder eine Seiltänzerin, die auf einem am Boden liegenden Wollfaden ihre Balancierkünste unter Beweis stellt – der Zirkus liefert viele Bilder für das Bewegungserleben der Kinder.

Das Thema Zirkus hat aber neben den neuen Bewegungsmöglichkeiten, noch viele andere Gesichter: Schminken, sich verkleiden, eine Raubtiernummer vorführen, wilde Tiere, die in einem Käfig eingesperrt (unter dem Tisch im Gruppenraum) sind – all das sind Spielideen, die einerseits ihr Vorbild in der großen Zirkusmanege haben, andererseits aber auch viel Raum lassen für die individuellen Ausdrucksformen der Kinder. Der Zirkus ist ein ideales Thema für ein langfristig angelegtes Projekt, ein Thema außerdem, bei dem jedes Kind sofort „Feuer fängt".

Oft müssen die Ansprüche der Kinder zurückgeschraubt werden, wenn sie z. B. das im „echten" Zirkus Gesehene ausprobieren wollen. Jongliert wird dann eben nicht mit Bällen, sondern mit leichten Chiffontüchern. Sie lassen sich besser auffangen und man kann sie auch zum Schwingen und Kreisen benutzen.

Ein Zirkusprojekt verlangt nach Aufführung, obwohl diese nicht zu sehr im Vordergrund des Spielens und Übens stehen sollte. Kleinere Aufführungen können auch vor den teilnehmenden Kindern arrangiert werden. Jeder ist mal Darsteller, mal Zuschauer. Zu einer größeren Aufführung werden die Eltern eingeladen. Hierfür müssen aber zuerst Eintrittskarten gebastelt werden, ein Plakat wird gemalt, Verkleidungsstücke gesammelt, Schminken wird geübt und ein musikalisches „Programm" erarbeitet.

Waldtage

Der ideale Spielort für Kinder ist die ungestaltete Natur: der Wald, Wiesen, brachliegende Flächen mit Hügeln, Bäumen, Steinen, Gräben und Pflanzen. Hier werden die Kinder mit all ihren körperlichen Kräften, mit all ihren Sinnen gefordert: Gräben überspringen, einen Bach mit Ästen und Brettern zu überbrücken versuchen, Hügel und Bäume erklettern, Steine sammeln und mit ihnen Mauern bauen, hinter Pflanzen und Bäumen Verstecken spielen, in der Baumkrone einen Hochsitz errichten und sich bei all dem mit den Gesetzmäßigkeiten der Natur auseinandersetzen, sich anpassen, sich anstrengen und sich verausgaben. In Projekten kann die Umgebung des Kindergartens zum Spielgelände und

Was zu einem Bewegungskindergarten gehört

Lernort gemacht werden. Hier können neue Begegnungen mit Wald und Wiesen ermöglicht werden. So kann auch der Wald im Bewegungskindergarten zum idealen Bewegungs- und Erfahrungsraum werden.

Wintertage

Den Winter kann man mit allen Sinnen spüren: Man kann die Schneeflocken mit den Händen zu fangen versuchen, sie auf der bloßen Haut schmelzen sehen, den Schnee schmecken, die Kälte auf der Haut spüren, auf glattem Eis schlittern, sich in pulvrigem Schnee eingraben oder ihn zu Schneebällen formen. Mit warmer Kleidung und mit Fantasie kann man dem Winter trotz klirrender Kälte viele fröhliche Stunden abgewinnen.

Schon das einfache Gehen wird auf Eis und Schnee zu einem Abenteuer. Ständig muss man das Gleichgewicht ausbalancieren und sich auf neue Bedingungen einstellen. Am besten richtet man sich gleich aufs Rutschen ein: Mit Schlitten, Schneebrettern oder auf Autoschläuchen kann man die Geschwindigkeit der Fortbewegung noch vergrößern

Wenn die Temperaturen unter 0° sinken, kann man auf einer Asphalt- oder Betonfläche im Kindergarten selbst eine Eisbahn schaffen: Auf eine Betonfläche wird Wasser gegossen, wenige Stunden später hat sich dann eine spiegelglatte Fläche darauf gebildet. Hier kann man schlittern und gleiten, Fangen spielen oder sich gegenseitig auf Autoschläuchen ziehen.

Spiel- und Bewegungsfest

Das alljährliche Sommerfest kann unter das Motto „Spiel – Bewegung – Spaß" gestellt werden oder zur „Spaßolympiade" werden. Auch bei einer Groschenkirmes können Spiel- und Bewegungsangebote für die ganze Familie im Vordergrund stehen. Hier gibt es weder Vorführungen noch Wettspiele, wie sie so oft zum Spielrepertoire gehören, das sich Erwachsene für Kinder ausdenken. Im Mittelpunkt steht das Miteinanderspielen.

Deswegen sollten die Angebote so ausgewählt werden, dass sie Betätigungen für alle Altersstufen bieten und auch die Geschwister und vielleicht sogar die Großeltern mitmachen können.

Ein Festival der Sinne

Die Sinne und das Spiel mit der sinnlichen Wahrnehmung kann zum Thema eines Festes (Sommerfest, Spielfest, Straßenfest) werden, das Aufregung und Entspannung zugleich verspricht. Eltern werden dazu eingeladen, sich gemeinsam mit ihren Kindern auf sinnliche Erlebnisse einzulassen: mit Händen und Füßen „sehen", das Gleichgewicht verschaukeln, am Klangbaum experimentieren, das Schnupperkarussell erkunden, die Geschmacksbar besuchen, in der Riesenhängematte entspannen – dies alles und noch viele andere Sinn-Stationen gibt es für Kinder und Eltern beim „Festival der Sinne" zu erleben (vgl. Zimmer 2000a).

3.7 Psychomotorische Förderangebote

Besondere Aufmerksamkeit muss der Kindergarten den Kindern widmen, die motorische Beeinträchtigungen und Wahrnehmungsstörungen aufweisen. Konzentrationsschwächen und Bewegungsunsicherheit sind die Folge und gefährden die Kinder bei allen Anforderungen des Alltags. Psychomotorische Fördermaßnahmen können dazu beitragen, Defizite abzubauen und eigene Stärken zu entdecken.

Die Integration behinderter Kinder in den Regelkindergarten wird inzwischen in fast allen Bundesländern angestrebt. Erzieherinnen sind aber häufig in ihrer Ausbildung nicht auf die damit verbundenen neuen Anforderungen vorbereitet worden. Eine Weiterbildung in Psychomotorik kann einen wichtigen Beitrag zur Erweiterung der pädagogischen Kompetenzen der Erzieherinnen leisten.

Über die allgemeine Bewegungsförderung hinaus kann es in einem Bewegungskindergarten sinnvoll sein, zusätzliche Förderangebote für Kinder mit besonderen Bedürfnissen zu machen. Neben den behinderten Kindern gehören hierzu z. B. Kinder mit Verhaltensproblemen, Entwicklungsauffälligkeiten oder Wahrnehmungsstörungen.

Sie benötigen oft eine kleine, überschaubare Gruppe, besondere Zuwendung durch die Erzieherin, auf ihre Fähigkeiten und Interessen abgestimmte Angebote.

Die psychomotorische Förderung versucht weniger, die Defizite der Kinder auszugleichen, als vielmehr ihre Stärken zu wecken und ihnen bewusst zu machen, was sie können.

3.8 Mitwirkung der Eltern

Die Erwartungen der Eltern an den Kindergarten sind oft widersprüchlich. Während sich einige Eltern unter dem Kindergarten eine Art Vor-Schule vorstellen, in denen die Kinder still sitzen lernen, sind andere erfreut über eine möglichst offene Zeiteinteilung, die den Kindern Gelegenheit zum freien Spielen gibt. Auch hinsichtlich der Einstellung gegenüber einem Bewegungskindergarten werden nicht alle Eltern den gleichen Standpunkt vertreten. Die einen erwarten vielleicht ein tägliches Fitnesstraining für ihre etwas bequemen, zur Trägheit neigenden Kinder, die anderen sind entsetzt, wenn die Kinder bei Wind und Regen den ganzen Tag im Wald zubringen. Auch wenn sie ihre Kinder freiwillig und bewusst in einem Bewegungskindergarten angemeldet haben, war ihnen zu diesem Zeitpunkt vielleicht gar nicht bewusst, wie das Alltagsleben sich gestaltet. Bei widersprüchlichen Erwartungen, die nicht in gemeinsamen Gesprächen aufgearbeitet werden, sind Konflikte vorprogrammiert.

Die Ansprüche der Eltern an den Kindergarten sollten sich mit dem pädagogischen Konzept der Einrichtung decken. In grundlegenden Erziehungsfragen sollten Eltern und Erzieherinnen übereinstimmen. Deswegen ist es wichtig, Eltern an dem Prozess des Aufbaus und der Realisierung eines Bewegungskindergartens zu beteiligen und sie an wichtigen Entscheidungen teilhaben zu lassen.

Folgende Formen der Elternarbeit bzw. Elternmitarbeit sind möglich:
- Elternabende, bei denen das Konzept des Bewegungskindergartens vorgestellt und diskutiert wird
- Mitwirkung der Eltern bei der Durchführung von Projekten oder größeren Vorhaben
- gemeinsame Spieltage für Eltern und Kinder
- Einbeziehung der Eltern als Experten für Bewegungsangebote
- themenspezifische Vorträge über die Bedeutung von Bewegung und Spiel für die Entwicklung von Kindern, die auch der Öffentlichkeit zugänglich sind
- Feste und Feiern im Kindergarten, bei denen für Eltern und Kinder gemeinsame Bewegungsangebote gemacht werden.

Um den Eltern einen möglichst umfassenden Einblick in die pädagogische Arbeit im Kindergarten zu geben, ist es notwendig, sie an möglichst vielen Aktivitäten zu beteiligen.

Die Öffentlichkeitsarbeit

Es gibt eine Reihe von Anlässen, bei denen Eltern für eine aktive Mitarbeit gewonnen werden können: Sie reichen von der Durchführung gemeinsamer Spielnachmittage bis hin zur Planung und Realisierung der Umgestaltung des Außengeländes.

Eine gute Zusammenarbeit mit den Eltern bringt nicht nur Entlastung bei der Durchführung organisatorischer Aufgaben und handwerklicher Tätigkeiten. Sie trägt insbesondere zur Identifizierung der Eltern mit ‚ihrem' Kindergarten bei und schafft Gelegenheiten zum informellen gegenseitigen Kennenlernen und zur Vertrauensbildung.

3.9 Die Öffentlichkeitsarbeit

„Tue Gutes und rede darüber" könnte das Motto der Öffentlichkeitsarbeit im Bewegungskindergarten lauten. Zwar ist die Öffentlichkeitsarbeit kein spezifisches Merkmal eines Bewegungskindergartens, sie ist jedoch notwendig, damit die Besonderheiten einer solchen Einrichtung überhaupt erkannt und wahrgenommen werden.

Sich darstellen, das eigene Profil auch in der Öffentlichkeit vertreten, über die besonderen Ziele und Arbeitsweisen der jeweiligen Einrichtung informieren – das sind Maßnahmen, die für einen Kindergarten immer noch ungewöhnlich sind. Dabei zieht ein Bewegungskindergarten meist besondere Aufmerksamkeit vonseiten der Öffentlichkeit auf sich. Nicht nur Eltern, auch viele pädagogisch interessierte Menschen wollen wissen, was denn ein Bewegungskindergarten an Besonderem bietet und welche Angebote Kindern bereits in frühen Lebensjahren gemacht werden können. Da dies auch eine Chance ist, den Stellenwert frühkindlicher Erziehung und die Leistungen des Kindergartens zu dokumentieren, sollte eine solche Selbstdarstellung möglichst professionell vorgenommen werden.

Um das Profil der Einrichtung deutlich hervorzuheben, kann z. B. ein Informationsblatt erstellt, ein Film über die vielfältigen Aktivitäten gedreht und gezeigt oder ein öffentlicher Informationsabend veranstaltet werden.

Verstärkt sollte auch die Möglichkeit der Internetpräsentation genutzt werden: Immer mehr Kindergärten gehen dazu über, im Internet eine eigene Homepage einzurichten. So können Informationen über das pädagogische Konzept und die Rahmenbedingungen des Kindergartens von den Interessenten direkt abgerufen werden.

Eine Vortragsreihe zu spezifischen Themen (z. B. „Was Kinder durch Bewegung lernen"), die auch interessierten Eltern anderer Kindergärten und der Öffentlichkeit zugänglich ist, kann einerseits das Ansehen der Einrichtung stärken, gleichzeitig aber auch auf wesentliche Probleme heutiger Kindheit hinweisen.

Fotoausstellungen in öffentlichen Gebäuden, ein Tag der offenen Tür in der Einrichtung gehören zu den weiteren Möglichkeiten, die einem aktiven Kindergartenteam offen stehen. Die „Imagepflege" beginnt bereits bei der Namensgebung eines Kindergartens. „Grashüpfer", „Mobile" oder „Springmäuse" signalisieren, dass in dieser Einrichtung Bewegung einen besonderen Stellenwert hat.

3.10 Die Trägerschaft des Kindergartens

Kindergärten, die Bewegung als besonderes Profil ihrer Einrichtung betrachten und dies auch in ihrer Konzeption so ausgewiesen haben, sind in ihrer Trägerschaft nicht notwendigerweise an einen Sportverein gebunden. Auch freie Träger (Wohlfahrtsverbände, Kirchen etc.) oder kommunale Träger (Stadt, Gemeinde) haben in der Vergangenheit eine solche Profilbildung unterstützt, wenn die Leitung und das Team des Kindergartens dies begründet haben. Seit der Gründung der Sportkindergärten sind verschiedene Formen von Bewegungskindergärten entstanden. Die Trägerschaft eines Sportvereins oder die Kooperation mit einem Verein sind mögliche Varianten, die in diesem Abschnitt besonders hervorgehoben werden, weil sie für die Institution Kindergarten eigentlich unüblich sind.

Die Gründung eines Sport- und Bewegungskindergartens kann durchaus mit eigenem Interesse vonseiten des Vereins verbunden sein: Für Kinder ist das Alter von drei bis sieben Jahren entscheidend für den Zugang zum Sport. In Kindergärten besteht die Chance, Kinder über Bewegung, Spiel- und Sportangebote in ihrer Entwicklung zu fördern, gleichzeitig ist damit jedoch auch die Hoffnung verbunden, sie als zukünftige Mitglieder der Sportvereine zu gewinnen. Vorteile werden auch für die Vereinspolitik erwartet: Fungiert ein Sportverein als Träger eines Bewegungskindergartens, so lassen sich in organisatorischer und mate-

Die Trägerschaft des Kindergartens

rieller Hinsicht besondere Synergieeffekte erwarten: Sportstätten und Sportgeräte werden insbesondere in den durch die Vereinsmitglieder schwach besuchten Vormittagszeiten von dem Kindergarten genutzt, Reinigungskräfte, Energiekosten etc. können gemeinsam getragen werden. Aber auch Veranstaltungen (Sommerfeste, Sport- und Spieletage) können gemeinsam durchgeführt werden.

Kooperation mit Turn- und Sportvereinen

Nicht immer muss der Sportverein die Trägerschaft des Kindergartens übernehmen und damit auch die finanzielle und personelle Verantwortung tragen. Möglich sind auch Kooperationen mit Turn- und Sportvereinen, durch die die gemeinsame Nutzung von Sportstätten und Geräten und die gegenseitige Überlassung von Räumen geregelt werden kann.

Dies wird vor allem dann im Interesse des Kindergartens liegen, wenn er selbst keine geeigneten Bewegungsräume besitzt und die vereinseigenen Sporthallen in unmittelbarer Nähe der Kindertageseinrichtung liegen.

Die Sportjugend Nordrhein-Westfalen hat im Rahmen eines Projektes „Kinder mit mangelnden Bewegungserfahrungen" eine Partnerschaft zwischen Sportvereinen und Kindergärten ins Leben gerufen. Bei Erfüllung bestimmter Voraussetzungen wird von der Sportjugend das Zertifikat „Anerkannter Bewegungskindergarten des Landessportbundes Nordrhein-Westfalen" verliehen.

- Der Träger des Kindergartens muss Mitglied des Landessportbundes Nordrhein-Westfalen sein oder eine Kooperation mit einem ortsansässigen Verein eingehen.
- Bewegungserziehung muss als Prinzip im pädagogischen Konzept der Einrichtung festgeschrieben werden.
- Die Leiterin und mindestens eine Gruppenleiterin je Gruppe müssen die Sonderausbildung „Bewegungserziehung im Kleinkind- und Vorschulalter" des Landessportbundes oder eine gleichwertige Ausbildung nachweisen; darüber hinaus muss die regelmäßige Teilnahme an Fortbildungsveranstaltungen zur Bewegungserziehung/Psychomotorik nachgewiesen werden.
- Es müssen ein geeigneter Bewegungs- bzw. Mehrzweckraum und eine kindgerechte Geräteausstattung zur Verfügung stehen.
- Pro Kindergartenjahr müssen mindestens zwei Elternabende mit Informationen über Bewegung, Spiel und Sport durchgeführt werden.

Was zu einem Bewegungskindergarten gehört

Sind die vorgegebenen Bedingungen erfüllt, kann ein Antrag auf Verleihung des Zertifikates gestellt werden. Daraufhin erfolgt eine Besichtigung vor Ort durch die Sportjugend NRW. Nach positiver Beurteilung erhält die antragstellende Kindertagesstätte das Zertifikat „Anerkannter Bewegungskindergarten" und der kooperierende Sportverein die Anerkennung als „Kinderfreundlicher Sportverein". Anschließend finden mindestens einmal jährlich Kontroll- und Beratungsbesuche in der Einrichtung statt (vgl. Sportjugend Nordrhein-Westfalen 2001).

Eine solche Initiative vonseiten der Sportorganisationen kann die oft nur informelle Zusammenarbeit von Vereinen und Kindergärten verlässlicher gestalten, da beide Seiten eine Verpflichtung zur gegenseitigen Unterstützung eingehen müssen.

Aber auch ganz ohne Sportverein kann ein Kindergarten zum Bewegungskindergarten werden. Ein Kindergarten kann sich allein auf Grund seiner pädagogischen Konzeption, der besonderen Qualifikationen der Erzieherinnen, den vielseitigen Bewegungsangeboten, die Kinder hier vorfinden, das Profil „Bewegungskindergarten" geben. Ein solches Etikett ist nicht geschützt und nicht an die Partnerschaft mit bestimmten Institutionen gebunden. Es liegt jedoch auf der Hand, dass die Rahmenbedingungen des Kindergartens eine Schwerpunktsetzung auf Bewegung ermöglichen müssen. Dazu gehören zwar auch die räumlichen Voraussetzungen und die Ausstattung mit Geräten, insbesondere aber die fachliche Kompetenz und das Interesse der Erzieherinnen.

4 Der Tag in einem Bewegungskindergarten

Wie sieht wohl ein Tag in einem Bewegungskindergarten aus? Unterscheidet er sich von dem in einem „normalen" Regelkindergarten? Gibt es hier eine tägliche, verpflichtende „Sportstunde" oder können die Kinder sich selbstständig und freiwillig an Bewegungsangeboten beteiligen? Kann auch ein ganz und gar unsportliches Kind in einem Bewegungskindergarten glücklich werden?

Solche Fragen bewegen Erzieherinnen, die sich mit dem Gedanken tragen, ihrer Einrichtung ein bewegungsorientiertes Profil zu geben. Sie werden aber auch von Eltern gestellt, die wissen wollen, ob ein Bewegungskindergarten für ihr Kind wohl der richtige Ort für die wichtige Zeit vor der Schule ist.

Jeder Bewegungskindergarten wird seinen eigenen Rhythmus mit eigenen Schwerpunkten haben. Die folgende Schilderung eines Tagesablaufes ist daher nur als ein Beispiel anzusehen. Sie soll verdeutlichen, wie Bewegung in den Tagesablauf des Kindergartens integriert werden kann, ohne dass andere Betätigungen und Erfahrungen zu kurz kommen.

4.1 Bewegungs(t)räume im „Pinguinland"

Da der Tagesablauf in einem Kindergarten nur vor dem Hintergrund der Rahmenbedingungen der Einrichtung zu verstehen ist, sollen diese vorweg beschrieben werden.

Das „Pinguinland" ist eine Kindertagesstätte, die in einem Vorort einer mittelgroßen Stadt gelegen ist. Hier können ca. 100 Kinder aufgenommen werden, zur Zeit sind es jedoch nur 90, da eine Gruppe als integrative Gruppe geführt wird und daher eine verringerte Gruppengröße genehmigt wurde.

Die Räume sind großzügig zugeschnitten: Jeder der vier Gruppenräume verfügt über eine zweite Ebene, auf der unterschiedliche Aktivitäten

69

Der Tag in einem Bewegungskindergarten

stattfinden, die sich bereits durch die Einrichtung voneinander unterscheiden. So ist z. B. auf einer Empore ein Bällchenbad und eine Matratzenlandschaft, auf einer anderen Ebene sind Bauklötze und größere Bauelemente vorhanden, die Kinder haben ihr den Namen „Bauhaus" gegeben. Beide Ebenen sind durch breite Holztreppen miteinander verbunden, auch sie werden von den Kindern oft als Spielorte genutzt.

Die Gruppenräume haben statt Stühlen trapezförmige Podeste, die sich einerseits als Sitzmöbel, andererseits aber auch als Bewegungsgeräte (Springen, Balancieren) oder für Rollenspiele (Schiff, Haus) einsetzen lassen.

Ein großer Bewegungsraum (mit anschließendem Geräteraum) steht den Kindern einerseits für die spezifischen Bewegungsangebote und die psychomotorische Förderung zur Verfügung, darüber hinaus kann er jedoch auch in der Freispielzeit – unter Beachtung bestimmter Regeln und Grenzen, die mit den Kindern abgesprochen sind – aufgesucht werden. Zusätzlich gibt es eine Werkstatt, die mit Werkbänken, Schraubstöcken und „echtem" Werkzeug ausgestattet ist, und außerdem über einen großen Maltisch verfügt.

Ein ursprünglich als Materialraum vorgesehenes Zimmer wurde als Entspannungsraum nach der Idee des „Snoezelen" eingerichtet: Matratzen und Polster in einheitlichen hellen Farben, gedämpftes Licht, eine Duftlampe und die Möglichkeit, leise Musik einzuspielen. Der Raum steht für Ruheübungen zur Verfügung, er wird auch von den Kindern, die sich gerne einmal zurückziehen wollen, genutzt. An den Wänden in den Fluren und im Eingangsbereich sind Tastbilder und Klangkörper angebracht, so dass es für die Sinne überall etwas zu entdecken gibt.

Der Kindergarten verfügt über ein großes Außengelände, das neben Rutschen und Schaukeln vorwiegend naturnah angelegt ist: Das Gelände ist durch Hügel, Mulden, Sandflächen, Bäume, liegende Baumstämme und Weidentunnel so gestaltet, dass sich viele Bewegungsanlässe ergeben.

In der Kindertagesstätte arbeiten neun ausgebildete Erzieherinnen, die von der Gruppenleitung freigestellte Leiterin ist Motopädagogin für den Bereich Kindergarten/Frühförderung und hat eine Zusatzqualifikation Psychomotorik erworben. Die Gruppenleiterin der integrativen Gruppe hat eine heilpädagogische und psychomotorische Zusatzausbildung. Alle pädagogischen Fachkräfte des Kindergartens haben Fortbildungen im Bereich Bewegungserziehung/Psychomotorik besucht.

4.2 Individuelle Bedürfnisse und freies Spielen bestimmen den Tagesbeginn

David wird regelmäßig um 7.30 Uhr in den Kindergarten gebracht. Seine Mutter muss um 8 Uhr ihren Dienst beginnen, daher nimmt sie den Frühdienst des Kindergartens in Anspruch. David hätte viel lieber noch ein bisschen länger geschlafen. Den Bär unterm Arm eingeklemmt betritt er – meist ziemlich müde – die Eingangshalle. Und weiter kommt er zunächst auch gar nicht, denn in der Eingangshalle hängt in einer Ecke ein großes Schaukeltuch an der Decke – sein Zufluchtsort vor allem dann, wenn er noch müde ist. „Na David, erst mal 'ne Runde schaukeln?" begrüßt ihn die Erzieherin, die den Frühdienst begleitet. Eigentlich sollte das Schaukeltuch nur vorübergehend in der Halle hängen, aber die Kinder liebten es so sehr, dass es zunächst einmal hängen blieb. Und so ist es auch der morgendliche Zufluchtsort von David geworden. Er legt sich mit seinem Bär in das Tuch und genießt die rhythmischen Schaukelbewegungen. Manchmal gesellt sich noch ein anderes Kind zu ihm. Das Tuch ist groß genug für mehrere Kinder.

Ein früher Start im Kindergarten heißt oft, dass das Kind aus dem Schlaf geholt worden ist. Ein Schaukeltuch kann Geborgenheit und Ruhe geben. Hier kann man Energien für den langen Tag sammeln. Der Übergang vom Familienleben zum Kindergarten fällt leichter, wenn Kinder zunächst noch die Möglichkeit haben, sich zurückzuziehen.

Bis neun Uhr ist im Kindergarten Freispielzeit, die von den Kindern sehr unterschiedlich genutzt wird. Die einen brauchen noch Ruhe, wie obiges Beispiel zeigt, andere begeben sich gleich an Spielmaterial, das ihnen noch vom Vortag in Erinnerung ist, bauen oder suchen Spielpartner für den Bewegungsraum, in dem sie nach vorheriger Absprache mit der Erzieherin spielen dürfen. Andere begeben sich in die Küche mit dem großen Essplatz, um erst einmal zu frühstücken.

In der Freispielzeit werden Spielorte, Spielmaterial, Spielinhalte und Spielpartner selbstständig gewählt, die Erwachsenen geben nichts vor, die Kinder müssen sich selbst entscheiden, was sie tun wollen. Auch hier ist bei vielen Kindern bereits die Bevorzugung von Bewegungsspielen zu erkennen.

4.3 Morgenrunde – Gesprächskreis

Bis 9 Uhr sollten alle Kinder im Kindergarten angekommen sein. Dies ist eine Bitte an die Eltern, damit ein gemeinsamer Start in die Aktivitäten in der Gruppe möglich ist. Diese Morgenrunde beginnt mit einem Gesprächskreis. Es wird auf spezifische Bedürfnisse der Kinder eingegangen und gemeinsam überlegt, wer da ist und wer noch fehlt. Besonderheiten des Tages werden angesprochen und Wünsche der Kinder für den Tag im Kindergarten gesammelt. Abschließend werden spezifische Angebote, die an diesem Tag gruppenübergreifend von den Erzieherinnen gemacht werden, besprochen.

4.4 Angebote – Vom Kletternetz bis zum Holzschiffbau

Die mehr oder weniger vorbereiteten Angebote, denen sich die Kinder zuordnen können, finden in verschiedenen Räumen des Kindergartens oder draußen statt. Eine Erzieherin ist z. B. in der Werkstatt, dort will eine Gruppe von Kindern Holzschiffe herstellen, die sie in einem Wasserbassin auf dem Freigelände schwimmen lassen wollen. Schon seit Tagen sind die Kinder dabei, das Holz zu bearbeiten, zu sägen, zu hobeln, zu schleifen und zu bemalen.

Aus dem Bewegungsraum erklingt Zirkusmusik. Die Kinder proben für eine kleine Aufführung, die sie beim geplanten Großelternnachmittag vorführen wollen.

Bewegung steht auch im Mittelpunkt beim Spiel in einem Gruppenraum, in dem ein großes Kletternetz an der Wand befestigt ist. Matten auf dem Boden, eine an der Decke befestigte, schaukelnde Regentonne, die auch gegen eine Hängematte oder eine Tellerschaukel ausgetauscht werden kann, bieten Raum und Gelegenheit für Kinder, die sich zwar für Bewegung entschieden haben, aber nicht an der Zirkusaufführung teilnehmen wollen. Die Erzieherin gibt Hilfen, setzt Grenzen, wenn die Kinder zu wild von dem Kletternetz auf die Matten springen und unterstützt, wo dies notwendig und erforderlich ist.

Im Entspannungsraum liest eine Erzieherin einer kleinen Gruppe von Kindern eine Geschichte vor.

Bei den meisten Angeboten ist die Teilnahme auf eine bestimmte Anzahl von Kindern beschränkt. Die Anzahl ist von der Raumgröße oder von den jeweiligen Aktivitäten abhängig.

Neben den gruppenübergreifenden Angeboten können die Kinder sich jedoch auch für eigene Tätigkeiten entscheiden. Manche wollen z. B. ein im Freispiel begonnenes Rollenspiel fortführen, dazu ziehen sie sich auf die Empore eines Gruppenraumes zurück. Andere haben schon am frühen Morgen nur einen einzigen Wunsch: draußen spielen.

Durch die Angebote sollen Impulse für die Erweiterungen der Erfahrungen und Kompetenzen gesetzt werden. Sie können unterschiedlich lange dauern, sind aber zeitlich befristet, damit den Kindern auch danach noch ausreichend Zeit zum freien Spielen und zum Verarbeiten der Erfahrungen bleibt. Oft ist es jedoch so, dass die Kinder nach der Angebotszeit weiter an dem Thema arbeiten, also weiterhin in der Werkstatt bleiben oder den Bewegungsraum nutzen.

4.5 Das Außengelände ist immer zugänglich

Das große Außengelände des Kindergartens steht den Kindern jederzeit zur Verfügung. Wenn frühmorgens nur wenige Kinder draußen sind, ist nicht immer eine Erzieherin anwesend, da die Spielflächen größtenteils von den Gruppenräumen her einsehbar sind. Zu Beginn der Angebotszeit ist jedoch mindestens eine Erzieherin auf dem Außenspielgelände. Sie ist nicht nur Aufsichtsperson, sondern auch Ansprechpartnerin der Kinder. Sie regelt die Spielgeräteausgabe, begleitet die Kinder in ihren Spielvorhaben und gibt selbst Impulse. So teilt sie z. B. Springseile aus, beteiligt sich aber auch am Seilspringen, indem sie ein großes Schwungseil an einer Reckstange auf der Wiese befestigt und so einen beliebten Anlaufort für vielfältige Seilspiele schafft. Während die Kinder auf dem Freigelände mit den Seilen den unterschiedlichsten Spielideen nachgehen (Pferdchenspiele, Lassoschwingen, Flaschenzüge an einer Reckstange bauen), steht hier das „richtige" Seilspringen im Vordergrund. Die Erzieherin gibt Tipps, greift die Ideen der Kinder auf, ermuntert, wenn das Springen noch nicht so richtig klappen will.

Im Winter, wenn Schnee liegt, werden hier draußen Iglus gebaut. Bei Hitze im Sommer ist eine Wasserrutsche aus Plastikplanen, die über den leicht abschüssigen Hang gelegt werden, die große Attraktion. Bei sol-

Der Tag in einem Bewegungskindergarten

chen situationsabhängigen Spielanlässen wird der Tagesplan kurzerhand umgestellt. Meist sind dann alle Kinder so lange wie möglich draußen, arrangieren ein Fußballspiel, klettern in den Bäumen oder fahren auf den Roll- und Fahrgeräten.

Draußenspielen ist fast immer ein Spielen mit Einsatz des Körpers, der Sinne, ein Erproben und Üben von Bewegungsfähigkeiten und -fertigkeiten.

4.6 Mittagsrunde – Gemeinsames Spielen

Um 11.30 Uhr versammeln sich die Kinder mit den Erzieherinnen in ihren Gruppenräumen. Diese Runde dient dem gemeinsamen Austausch, es werden Sing- und Kreisspiele durchgeführt oder kleine Regelspiele erprobt. Gegen 12.30 Uhr werden die Kinder, die nicht über Mittag in der Tagesstätte bleiben, von ihren Eltern abgeholt. Die Tagesstättenkinder erhalten ein Mittagessen, danach ist eine Stunde lang Ruhezeit. Manche verbringen sie mit einem Mittagsschlaf, andere ziehen sich in die Kuschelecke zum Musikhören oder Vorlesen zurück.

4.7 Spezifische Angebote am Nachmittag

Ab 14 Uhr können die Kinder, die die Mittagszeit zu Hause verbracht haben, wieder in den Kindergarten kommen. Der Nachmittag ist dem freien Spielen vorbehalten. Eine Ausnahme bildet die psychomotorische Förderung, die von einer Erzieherin insbesondere für die behinderten Kinder der integrativen Gruppe, aber auch für einige andere Kinder, die ansonsten die Bewegungssituationen eher meiden, die ängstlich und sehr zurückhaltend sind, angeboten wird. Für diese Kleingruppe (maximal 5 Kinder) werden die Kinder von der Erzieherin nach Rücksprache mit den Eltern ausgewählt.

4.8 Projekte und besondere Anlässe

Der regelmäßige Tagesrhythmus bietet den Kindern Struktur und Rückhalt. Der Wechsel zwischen Freispiel und Angebot, zwischen vertrauter Gruppe und gruppenübergreifenden Aktivitäten, zwischen selbstständigem Entscheiden und Hilfen durch andere Kinder oder Erwachsene, hat sich in der Kindertagesstätte „Pinguinland" bewährt. Wenn möglich werden auch längerfristige Projekte, an denen die Kinder sich beteiligen, in ihn eingegliedert.

Hin und wieder wird der Rhythmus jedoch durch besondere Aktionen unterbrochen: Mindestens zwei Mal im Jahr wandern z. B. alle „Pinguine" in den nahe gelegenen Wald und verbringen dort den ganzen Vormittag. Die Waldtage dauern jeweils drei Vormittage, damit das Spielen über einen längeren Zeitraum fortgesetzt werden kann.

Besondere Tage sind auch die gemeinsamen Spielnachmittage für Eltern und Kinder oder das jährliche Winter- und Sommerfest. Meist haben sie ein Motto, das Bewegungsspiele einbezieht (z. B. ein „Fest der Sinne" oder „Abenteuer im Dschungel").

Eine Schlussbemerkung

Noch gehören Bewegungskindergärten zu den „Exoten" in der pädagogischen Landschaft der Kindertagesstätten. Dieser Sonderstatus wird auch dadurch bestätigt, daß sie oft zum Zielpunkt von Besichtigungen werden. Interessierte Kolleginnen, ganze Kindergartenteams oder auch Schulklassen der Ausbildungsinstitutionen für sozialpädagogische Fachkräfte wollen sich über die Arbeitsweise in einem Bewegungskindergarten und die Bedingungen vor Ort informieren. Die Resonanz ist meist sehr positiv. Viele Besucher sind von der räumlichen Gestaltung und der Vielfalt der Angebote sehr angetan und suchen nach Möglichkeiten, auch ihre Einrichtung bewegungsfreudiger zu gestalten.

Die Qualität der pädagogischen Arbeit kann durch solche Besuche und durch Gespräche mit den Erzieherinnen erkannt werden, Befragungen der Eltern und empirische Untersuchungen können einen Einblick in die Effektivität geben. Ob sich eine Erzieherin aber in einem Bewegungskindergarten wohlfühlt und ob sie sich mit einer bewegungspädagogischen Schwerpunktsetzung identifizieren kann, muss die persönliche Erfahrung zeigen.

Die Kinder werden– sofern ihnen genügend Entscheidungsspielraum zugestanden wird – in jedem Fall zufrieden sein. Das zeigen die vielen Beispiele von Einrichtungen, die wir für die Erstellung dieses Buches besuchten.

Nicht jeder Kindergarten muss ein Bewegungskindergarten sein, aber Bewegung gehört in jeden Kindergarten, sonst wird er dem Anspruch auf ganzheitliche Bildung und Erziehung von Kindern kaum gerecht werden können.

1 Literatur, Medien, Kontakte

Büchertipps zum Thema Bewegung im Kindergarten

AWO Landesverband Thüringen e.V. (Hrsg.): Gelebte Psychomotorik im Kindergarten. Schorndorf: Hofmann 1997

AYRES, A. Jean.: Bausteine der kindlichen Entwicklung. Berlin: Springer 1984

BÄRWINKEL, Angelika u. a.: Bewegungsspiele mit Kindern. Weinheim: Beltz 1994

BALSTER, Klaus: Kinder mit mangelnden Bewegungserfahrungen. Duisburg: Eigenverlag 1999

BERNHARD, Luise: Spiel- und Sportkindergarten des Osnabrücker Turnerbundes. In: Zimmer, Renate / Cicurs, Hans: Kinder brauchen Bewegung ... a.a.O., S. 143–145

BEUDELS,Wolfgang u. a.: Das ist für mich ein Kinderspiel. Dortmund: Borgmann 1994

BEUDELS, Wolfgang u. a. (Hrsg.): Außer Rand und Band. WenigKostenVielSpaßGeschichten. Dortmund: Borgmann1998

BUNDESZENTRALE FÜR GESUNDHEITLICHE AUFKLÄRUNG (Hrsg.): Gesundheit von Kindern – Epidemiologische Grundlagen. Köln 1998

DEUTSCHE SPORTJUGEND (Hrsg.): Zur Situation der Bewegungserziehung in Kindergarten und Verein. Frankfurt: Eigenverlag 1975

DIEM, Lieselott: Spiel und Sport im Kindergarten. München: Kösel 1980

DREISBACH-OLSEN, Jutta u. a.: Nischen, Höhlen, Hängematten. Kita-Räume verändern sich. Neuwied: Luchterhand 1998

HERM, Sabine: Gemeinsam spielen, lernen, wachsen. Berlin: Luchterhand 1996

HURRELMANN, Klaus: Sozialisation und Gesundheit. Somatische, psychische und soziale Risikofaktoren im Lebenslauf. Weinheim: Juventa 1988

KAUTTER, Hansjörg u. a.: Das Kind als Akteur seiner Entwicklung. Heidelberg: Schindele 1988

KERN, Kerstin: Sportkindergarten der Freiburger Turnerschaft. In: Zimmer, Renate / Cicurs, Hans: Kinder brauchen Bewegung ... a.a.O., S. 140–142

KOSCHEL, Dieter / BRINKMANN,Ulrich.: Spiel – Spaß – Sport für Kinder. Aachen: Meyer & Meyer 1997

KRAWIETZ, Christine.: Das Weiterstädter Modell – Psychomotorik im Kindergarten. In: Zimmer, Renate (Hrsg.): Bewegte Kindheit. a.a.O., S. 192–197

KRÜGER, FriedrichWilhelm: Wenn der Frust die Bewegungslust besiegt. Vom pädagogischen Umgang mit Ängsten. In: Zimmer, Renate / Hunger, Ina (Hrsg.): Kindheit in Bewegung, a.a.O.

KUNZ, Torsten: Weniger Unfälle durch Bewegung. Schorndorf 1993

KURZ, Dietrich / TIETJENS, Meike: Kinder und Jugendliche. In: Bös, Klaus / Brehm, Walter (Hrsg.): Gesundheitssport. Schorndorf: Hofmann 1998, S. 95–107

LANGE, Udo / STADELMANN, Thomas: Spiel-Platz ist überall. Freiburg: Herder 1998

DIES.: Das Paradies ist nicht möbliert. Räume für Kinder. Neuwied: Luchterhand 1999

Literatur, Medien, Kontakte

DIES.: In jedem Garten liegt ein Paradies. Freiburg: Pädagogische Ideenwerkstatt Bagage 1999

MARKTSCHEFFEL, Marlies: Übungslandschaften im Kinderturnen. Aachen: Meyer & Meyer 2000

MARONA, Annegret: Sitzkindergarten? – Bewegungskindergarten! In: Zimmer, Renate / Cicurs, Hans(Hrsg.): Kinder brauchen Bewegung … a.a.O., S. 133–135

MICHAEL-HAGEDORN, Regina / FREIESLEBEN, Katharina: Kinder umterm Blätterdach. Walderlebnisse planen und gestalten. Dortmund: borgmann publishing 1999

NEUBER, Nils: Kreative Bewegungserziehung – Bewegungstheater. Aachen: Meyer & Meyer 2000

PIAGET, Jean: Das Erwachen der Intelligenz beim Kinde. Stuttgart: Klett 1975

REGEL, Gerd / WIELAND, Jan Axel (Hrsg.) Psychomotorik im Kindergarten. Rissen: EBV 1984

SCHAFFNER, Karin: Die Welt ist schön. Neue Kreisspiele, Spiellieder und Tänze für drei- bis achtjährige Kinder. Celle: Pohl 1996

DIES.: Der Bewegungskindergarten Christuskirche in Schweinfurt. In: Zimmer, Renate / Hunger, Ina (Hrsg.): Kindheit in Bewegung, a.a.O., S. 203–206

SCHEDE, Hans-Georg: Der Waldkindergarten auf einen Blick. Freiburg: Herder 2000

SCHERRER, Jürgen / PROHL, Robert: Wirkungen des Projekts „Gelebte Psychomotorik im Kindergarten" – eine Evaluationsstudie. In: AWO Landesverband Thüringen a.a.O.

SPORTJUGEND IM LANDESSPORTBUND NORDRHEIN-WESTFALEN: Leitfaden Kooperation Sportverein und Tageseinrichtung für Kinder. Duisburg 2001

SPORTJUGEND HESSEN (Hrsg.): Bewegung in den Kindergarten. Frankfurt 1996

STEIN, Gisela: Kleinkinderturnen ganz groß. Aachen: Meyer & Meyer 1998

UNGERER-RÖHRICH, Ulrike: Was bringt ein bewegter Kindergarten für die Entwicklung der Kinder? In: Zimmer, Renate / Cicurs, Hans (Hrsg.): a.a.O., S. 197–199

VERLINDEN, Manfred / HAUCKE, Karl: Einander annehmen. Soziale Beziehungen im Kindergarten. Köln 1990

VÖLKER, Ulrich (Hrsg.): Humanistische Psychologie. Weinheim 1980

WAGNER, Richard: Naturspielräume gestalten und erleben. Münster: Ökotopia 1998

ZIMMER, Renate: Motorik und Persönlichkeitsentwicklung bei Kindern im Vorschulalter. Schorndorf: Hofmann 1996

DIES.: Bewegte Kindheit. Schorndorf: Hofmann 1997

DIES.: Sport und Spiel im Kindergarten. Aachen: Meyer & Meyer 1998

DIES.: Kreative Bewegungsspiele. Psychomotorische Förderung im Kindergarten. Freiburg: Herder 1999a

DIES.: Schafft die Stühle ab. Freiburg: Herder 1999b

DIES.: Sinneswerkstatt. Projekte zum ganzheitlichen Leben und Lernen. Freiburg: Herder 1999c

DIES.: Handbuch der Sinneswahrnehmung. Grundlagen einer ganzheitlichen Erziehung. Freiburg: Herder 2000a

DIES.: Handbuch der Psychomotorik. Theorie und Praxis der psychomotorischen Förderung von Kindern. Freiburg: Herder 2000b

DIES.: Handbuch der Bewegungserziehung. Freiburg: Herder 2001a

Literatur, Medien, Kontakte

DIES.: Was Kinder stark macht: Fähigkeiten wecken – Entwicklung fördern. Freiburg: Herder 2001b

DIES. / CICURS, Hans (Hrsg.): Kinder brauchen Bewegung – Brauchen Kinder Sport? Aachen: Meyer & Meyer 1994

DIES. / CICURS, Hans: Psychomotorik. Schorndorf: Hofmann 1997

DIES. / HUNGER, Ina (Hrsg.): Kindheit in Bewegung. Schorndorf: Hofmann 2001

DIES. / VAHLE, Fredrik.: Ping Pong Pinguin. Spiel- und Bewegungslieder zur psychomotorischen Förderung. Freiburg: Herder 2000

ZINNECKER, Jürgen / SILBEREISEN, Rainer: Kindheit in Deutschland. München: Juventa 1996

Medien

Videofilme zum Thema „Bewegung im Kindergarten":

Deutsche Verkehrswacht: Move it – Mehr Bewegung in den Kindergarten
Deutsche Verkehrswacht e.V.
Am Pannacker 2
53340 Meckenheim

Hentschel, Claudia:
Wer sich nicht bewegt, bleibt sitzen.
Deutscher Verein für öffentliche und private Vorsorge
Am Stockborn 1–3
60439 Frankfurt

Sportgemeinde 1886 e.V. Weiterstadt/ Freiburger Kreis: „Mehr Bewegung in Kindergärten" Sport- und Bewegungskindergärten in Deutschland
AV 1 TV&Video Produktion
Pfalzstraße 10
34260 Kaufungen

Renate Zimmer: Immer in Bewegung – Die Bedeutung der Bewegung für die Entwicklung des Kindes.
Prof. Dr. Renate Zimmer
Universität Osnabrück
Jahnstr. 41
49069 Osnabrück

Kontakte

Im Folgenden werden einige Anschriften von Bewegungskindergärten aufgeführt, bei denen Interessenten sich weiter informieren können. Einige Einrichtungen sind auch bereit, Besucher aufzunehmen und ihr Konzept vorzustellen.

Die Anschriften stellen eine Auswahl dar; sie sind nach Postleitzahlen geordnet.

Bewegungskindergarten der Sportjugend Bielefeld
Schillerstraße 29
33609 Bielefeld
0521 – 8752678

TV Ratingen 1895 e.V. „Springmäuse"
Stadionring 5
40878 Ratingen
Tel.: 02102 – 24693

Kindergarten St. Barbara
(Träger: Kath. Kirchengemeinde St. Barbara)
Pothsberg 5
45257 Essen
Tel.: 0201 – 483378
Fax: 0201 – 483368

Bewegungskindergarten Turnerbund Osterfeld „Grashüpfer"
Kapellenstr. 84
46119 Oberhausen
Tel.: 0208 – 896508

Literatur, Medien, Kontakte

Kreisportbund Borken „Der Kreisel"
Gildenstr. 13
46325 Borken
Tel.: 02861 – 62779

TuB Bocholt 1907 e.V. „Ratzköpper"
Lowicker Str. 19
46395 Bocholt
02871 – 48582

SV Biemenhorst „Waldschlösschen"
Zum Waldschlösschen 36
46395 Bocholt
Tel. 02871 – 225626

Kindergarten Mobile
(Träger: TV Jahn Rheine)
Germanenallee 4
48429 Rheine
Tel.: 05971 – 974984
Fax: 05971 – 974988
mobile@tvjahnrheine.de
www.tvjahnrheine.de

Osnabrücker Spiel- und Sportkindergarten
(Träger: Elterninitiative)
Obere Martinistraße 50
49078 Osnabrück
Tel. und Fax: 0541 – 43805

Kindertagesstätte „Flic Flac"
Langemarckweg 24
51465 Bergisch-Gladbach
Tel.: 02202 – 43935

TV Eiche Bad Honnef
Berck-sur-Mer-Str. 14
53604 Bad Honnef

Bewegungskindergarten „Mittelpunkt"
SVA Bockum Hövel
Im Ruenfeld
59075 Hamm
Tel.: 02381 – 780922

Sportkindergarten
(Träger: TV Salmünster)
Hammelsweg
63628 Salmünster
Tel. und Fax: 06056 – 8272
www.sportkindergarten.de

Sportkindergarten Weiterstadt
Am Aulenberg 2–10
64331 Weiterstadt
Tel. 06150 – 15418

Spezielle Fortbildungsmöglichkeiten zur Bewegungserziehung / Psychomotorik im Kindergarten

An der Akademie für Motopädagogik und Mototherapie kann nach dem Erwerb einer „Psychomotorischen Basisqualifikation Motopädagogik" das Zertifikat „Motopädagogin/Motopädagoge im Arbeitsfeld Kindergarten/Frühförderung" erworben werden. Informationen:

Akademie für Motopädagogik und Mototherapie
Kleiner Schratweg 32
32657 Lemgo
Tel.: 05261 – 970971
Fax: 05261 – 970972
www.psychomotorik.com